高填路堤预应变加筋及动力强夯技术

匡希龙　雷　鸣　蒋建清　著

西南交通大学出版社
·成都·

图书在版编目（CIP）数据

高填路堤预应变加筋及动力强夯技术 / 匡希龙，雷鸣，蒋建清著. —成都：西南交通大学出版社，2021.6
ISBN 978-7-5643-7989-6

Ⅰ. ①高… Ⅱ. ①匡… ②雷… ③蒋… Ⅲ. ①路堤–研究 Ⅳ. ①U416.1

中国版本图书馆 CIP 数据核字（2021）第 040966 号

Gaotian Ludi Yuyingbian Jiajin ji Dongli Qianghang Jishu
高填路堤预应变加筋及动力强夯技术
匡希龙　雷　鸣　蒋建清　著

责任编辑	王同晓
封面设计	何东琳设计工作室
出版发行	西南交通大学出版社 （四川省成都市金牛区二环路北一段 111 号 西南交通大学创新大厦 21 楼）
发行部电话	028-87600564　028-87600533
邮政编码	610031
网　　址	http://www.xnjdcbs.com
印　　刷	成都蜀通印务有限责任公司
成品尺寸	170 mm × 230 mm
印　　张	12
字　　数	187 千
版　　次	2021 年 6 月第 1 版
印　　次	2021 年 6 月第 1 次
书　　号	ISBN 978-7-5643-7989-6
定　　价	58.00 元

图书如有印装质量问题　本社负责退换
版权所有　盗版必究　举报电话：028-87600562

前言
PREFACE

在我国公路建设中普遍存在路基不均匀沉降的现象,这会导致路基破坏。如不能及时地采取经济、有效的措施加以解决,将造成严重的经济损失,如路面养护费用增加、公路使用年限缩短等。

土工合成材料因其轻便、耐久、实用的特点而广泛应用于岩土工程中。使用土工合成材料加固路基,可缩短工期、降低造价、提高路基稳定性并有效延长其服务年限。但长期置于土中的土工合成材料力学性质的变化是否会影响加筋土体长期稳定性,是人们非常关心的一个问题。加筋土单元内土工合成材料的微观应力与筋材的抗拉强度、周围土体的特性及作用时间等因素有关。当加筋土单元宏观应力不变时,筋材产生应力松弛,使其单元的微观应力逐渐减小,土体单元微观应力逐渐增大,直到加筋土从黏弹性向黏弹塑性转变,单元的微观应力才会趋于稳定。

强夯法具有适用范围广、效果好、不耗贵重材料甚至不耗材料、投资省、加固速度快、加固深度大等优点,正逐步被用于高速公路的路基加固。但强夯法加固机理和设计理论仍有许多模糊之处。另外,施工参数的设计不统一,缺乏相应的标准和足够的理论依据,主要依靠经验判断或现场小规模试验来确定,因此存在较大的盲目性和随意性。

本书通过调研、室内土工试验、现场试验、离心模型试验、理论研究及数值分析的有机结合,并将桥梁工程中的预应力技术及汽车碰撞中的动力效应等相关原理引入路基工程中,跨学科进行理论上的探讨,更好地解决路基中不均匀沉降问题。即在广泛调研的基础上,对高填路堤稳定性和非均匀沉降等一系列问题进行研究分析,以室内试验、现场观测和理论分析为依托,将预应变加筋和动力强夯这两种典型的处置技术结合起来，围绕路基稳定性及非均匀沉降，科学、系统地提出其有效的控制措施。

本书作者及其研究团队通过对目前广泛应用于加筋土工程的土工网、土工合成材料进行了长达 3 年的不同应力水平作用下室内蠕变破坏试验，研究了土工合成材料的蠕变特性及其影响因素，同时探讨了土工网和土工合成材料蠕变断裂发生、发展直至破坏的机理，且揭示了外部荷载等级和温度变化对筋材蠕变特性的影响是有特定条件的，最后构建了土工合成材料蠕变计算模型的一般经验公式，而且在实际工程中得到了验证和推广。

为全面推广预应变加筋法新技术，本书提出了预应变加筋法设计新思路及施工新工艺，发展了预应变加筋法的理论依据，提出了新的施工要求。首次将桥梁施工中的"反拱度"引入预应变加筋路基施工中，并就张拉力及反拱度大小提出了新的理论计算公式。

基于不同的研究假设，本书进一步分析了加筋土体之间的相互作用，并从分析宏观加筋土体单元中土和筋材的微观应力角度出发，建立了基于土工合成材料黏弹塑性特性的加筋土本构模型，旨在为加筋土技术提供科学的理论依据。

本书按 $n = 30$ 的模型比尺进行加筋土离心模型试验，再一次揭示了土工合成材料能有效地限制土体的侧位移，阻止微裂隙的产生，从而提高了路基的稳定性。

本书结合工程实践，对强夯法处置红砂岩碎石土路基进行了系统研究。根据夯锤与土体的弹塑性碰撞特点，基于动力基础半空间理论，获得了强夯冲击应力和土体变形的模型，并进一步研究了影响强夯冲击应力和土体变形的因素及其规律。本书基于现场试验，借助沉降观测确定了强夯设计参数。此外，运用 Ansys/Ls-dyna 建立了强夯三维模型，对强夯的动力响应进行了数值模拟，揭示了强夯作用下土体的应力应变规律，建立了强夯后土体的应力场和位移场，并对比分析了理论研究结果、现场试验结果、数值分析结果，三者之间吻合较好。

同时，本书通过两个实例对高填方路堤不均匀沉降预测的各种模型的拟合和预测精度进行了研究，得出双曲线和指数曲线更适合于 6 个月左右的中期预测，其中双曲线精度更高一些。皮尔曲线、灰色预测、龚帕斯曲线和皮尔神经网络方法更适合于 1 年以上的长期预测，且这四种预测方法中皮尔神经网络精度更高一些，灰色 GM（1，1）模型的曲线拟合效果最好。

  本书内容包括路基填料室内试验及路用特性研究、土工合成材料蠕变特性及预应变加筋技术研究、加筋土离心模型试验及其黏弹塑特性分析、动力强夯控制高填路堤非均匀沉降试验分析及技术研究、高路堤沉降预测模型对比分析。

  对于本书的顺利出版，感谢江西省武吉高速公路项目处、湖南省常吉高速公路项目处的领导在课题研究过程中所给予的大力支持；感谢 2 个课题组的全体成员胡振南、李雨舟、徐晓宇、邹德强等；感谢周志刚教授及王桂尧教授。

  限于作者的水平，本书难免存在疏漏之处，恳请读者批评指正。

作 者

2021 年 4 月

目录
CONTENTS

1 绪 论 ·· 001
  1.1 本研究的工程背景、目的及意义 ················ 002
  1.2 本书所涉及的研究领域现状分析 ················ 003
  1.3 本书研究内容、研究方法和技术路线 ············ 013

2 路基填料室内试验及路用特性研究 ············ 017
  2.1 研究目的 ···································· 018
  2.2 研究内容 ···································· 018
  2.3 研究方法 ···································· 018
  2.4 试验过程及数据分析 ·························· 019
  2.5 本章小结 ···································· 025

3 土工合成材料蠕变特性及预应变加筋技术研究 ········ 027
  3.1 研究目的 ···································· 028
  3.2 研究内容 ···································· 028
  3.3 蠕变试验 ···································· 029
  3.4 预应变加筋法新的理论研究与新的设计思路 ······ 046
  3.5 预应变加筋法应用实例 ························ 061
  3.6 运用强度折减有限元分析预应变加筋效果 ········ 063
  3.7 本章小结 ···································· 066

4 加筋土离心模型试验及其黏弹塑特性分析 ············ 069
  4.1 研究目的 ···································· 070
  4.2 研究内容 ···································· 070
  4.3 加筋土离心模型试验 ·························· 070
  4.4 高填方路堤加筋土处治现场试验 ················ 084
  4.5 加筋土体粘弹塑本构模型的建立 ················ 086
  4.6 高填方路堤加筋土粘弹塑有限元理论分析 ········ 091
  4.7 本章小结 ···································· 110

5 动力强夯控制高填路堤非均匀沉降试验分析及技术研究 ·············· 111

5.1 研究目的 ·············· 112
5.2 研究内容 ·············· 112
5.3 动力强夯变形机理 ·············· 112
5.4 室内试验 ·············· 118
5.5 现场强夯试验 ·············· 125
5.6 强夯对工后沉降的影响分析 ·············· 142
5.7 强夯大变形数值分析 ·············· 148
5.8 室内试验修正系数的确定 ·············· 155
5.9 本章小结 ·············· 155

6 高路堤沉降预测模型对比分析 ·············· 157

6.1 研究目的 ·············· 158
6.2 研究内容 ·············· 158
6.3 皮尔-遗传神经网络预测法 ·············· 158
6.4 双曲线法 ·············· 160
6.5 指数曲线法 ·············· 161
6.6 灰色预测法 ·············· 161
6.7 龚帕斯曲线法 ·············· 162
6.8 基于施工现场实测资料对比各种预测模型 ·············· 164
6.9 本章小结 ·············· 170

参考文献 ·············· 171

1 绪论

1 绪 论

1.1 本研究的工程背景、目的及意义

1.1.1 工程背景

1. 工程背景一

江西武宁（鄂赣界）至吉安段高速公路，是大广线在江西境内的北段，也是江西省"三纵四横"高速公路主骨架网"西纵"的一部分，路线总长 285.809 km。

沿线经过的主要河流有：修水河、澧溪水、双溪头河、洋湖港、安溪水、奉乡水、耶溪河、锦河、江口水、孔目江、袁河、同江河。

全线不良地质类型主要有破碎岩体边坡失稳、软弱地基、岩溶地面塌陷、弱膨胀土、煤矿采空区、岩溶区及高液限土等，许多路段的路基回填高度在 20 m 左右。

"长沙理工大学武吉高速公路课题组"和"武吉项目办"联合承担该路段高路堤稳定性及非均匀沉降控制技术研究。

2. 工程背景二

湖南省常德至吉首高速公路（以下简称常吉高速公路）位于湖南省西北部，沿途地形地貌为山岭重丘区。路基主要为高填方路基、半填半挖路基和挖方路基。路基回填的高度一般在 4～20 m，最高的可达 58 m。路基填料主要为红砂岩，碎石含量达 60%～90%，尽管进行了大量的改石工作，但填筑后孔隙比仍然较大，压实质量难以保证，易导致较大的工后沉降和不均匀沉降。基于该段高速公路的特殊性，"长沙理工大学常吉高速公路课题组"也承担了该路段高路堤稳定性及非均匀沉降控制技术研究。

1.1.2 研究的目的和意义

在我国高速公路建设中普遍存在路基不均匀沉降现象，从而导致路基及路面的破坏。如不能及时地采取经济、有效的措施加以解决，将造成公路建设严重的经济损失，如路面养护费用增加、使用年限缩短等。

本书通过开展预应变加筋法和动力强夯等处置技术的应用研究，保证高填路堤长期处于稳定状态，把非均匀沉降控制在合理的范围内，降低高填路堤对路面的影响，提高路面的使用寿命和使用性能，降低其养护维修费用。

本书有关控制高填路堤非均匀沉降的研究成果，将对其他高速公路的建设具有一定的参考价值，并将获得良好的经济和社会效益。

1.2 本书所涉及的研究领域现状分析

就如何控制高填方路堤不均匀沉降问题，专家学者曾提出了多种处置方法，如排水固结法、砂桩、土桩、灰土桩、振冲法、动力强夯法、灌浆法、高压喷射注浆法、深层搅拌法、土工加筋法、预应变加筋法、托换技术等。本书则重点研究其中的预应变加筋法和动力强夯法，并充分揭示这两种技术在控制路基不均匀沉降及提高路基稳定性方面所发挥的独特作用。

为此，本书将混凝土结构工程中的预应力技术及汽车碰撞中的动力效应等相关原理引入路基工程中，跨学科从理论上重点研究预应变加筋及动力强夯这两种典型的处置方法，为高路堤中不均匀沉降问题的解决提供新的理论依据和技术指导。

1.2.1 土工合成材料蠕变及预应变加筋技术研究现状

土工合成材料是一种新型的加筋材料，具有较好的工程特性。如将土工格栅埋入土体中，借助格栅承受水平土压力来约束土体的侧向变形，从而提高土体的稳定性，并控制土体的不均匀沉降；将土工格栅用于加筋土挡墙，具有很多相对传统挡土墙的优势。土工加筋体以施工简单快捷和造价低的特点，在公路工程中得到了广泛应用。

此外，土工合成材料以其轻便、耐久、实用的特点而在岩土工程中得到广泛应用[1-3]。但长期置于土体中的土工合成材料力学性质的变化是否影响工程加筋体长期稳定性，却是研究人员非常关心的一个问题。土工合成材料加筋体能否长期有效的关键在很大程度上与蠕变的发生、发展直至是否最终失效有关[4-5]。

在长期载荷作用下，土工合成材料的蠕变可能会影响加筋土结构的长期工作性能[6-8]。通过土工合成材料蠕变试验进一步探讨土工合成材料在环境温度和不同长期荷载条件下所表现出的蠕变特性及应力应变规律，并建立相应的本构关系，将有助于研究加筋土结构的长期变形特性并确保设计的合理性[9-15]。

Huabei Liu（2009）等人认为土工合成材料的蠕变会导致长期强度减少，增加变形，更重要的是土工合成材料蠕变也会影响土壤的蠕变特性；并从分析中发现，土工合成材料蠕变速率和回填土壤性质有很大关系；无论是外部荷载还是土壤中的应力状态，都将影响土工合成材料和土的相对蠕变率。Jonathan T. H. Wu（2007）等人用土工布进行了6年的蠕变试验，并指出现有的一些理论公式过于保守。R. M. Koerner（2005）等人采用仅仅通过加速蠕变的方法研究了温度对聚苯乙烯（EPS）的蠕变影响，发现温度达到44 ℃时会加速蠕变发生。

国内外对土工合成材料蠕变特性的研究，一般采取短期蠕变的成果，求得经验公式，以推求长期的蠕变量[16-18]；或从短期的高温下蠕变获得长期的常温下土工合成材料的蠕变特性[19-20]。文献[21，22]借助时温等效原理研究了土工合成材料的时间-荷载-温度关系，欲从短期的高温下蠕变获得长期的常温下土工格栅的蠕变性能，但试验结果与实际情况有一定出入。文献[23]对加速土工合成材料蠕变的试验方法进行了改进，却不能精确的估计应力水平与温度对蠕变的影响程度。文献[24]对加筋土土工合成材料长期荷载蠕变进行了研究，该研究虽然进行了10 000 h，并根据蠕变系数法得出了不同土工合成材料在不同的荷载水平下的ε_0和λ值，但研究时间可以更长些。文献[25]根据自由体积理论证明了温度、应力与分子运动的关系，在分析了时温叠加法原理的基础上，阐述了荷载叠加法的原理，提出了加速土工合成材料蠕变试验和预测其长期特性的荷载叠加法和荷载转移公式因子。对RS50土工格栅的室内蠕变试验结果做了分析，利用荷载叠加法把几种不同荷载水平下的蠕变试验曲线形成了几条光滑的主曲线。由此得出了设计使用年限下的应力-应变曲线，计算出了RS50格栅的蠕变折减系数，为工程设计提供了依据。文献[26]选择了2种有代表性的高强土工格栅，进行了室内无侧限蠕变试验。将其中一种应用于路基实体工程中并进行了持续1年的蠕变观测。试验研究表明，高强土工格栅在近似荷载水平作用下，无侧限条件时的蠕变速率约为侧限条件时的 2 倍左右。根据试验结果，建议了高强土工格栅的蠕变强度折减系数取值范围。

综上所述，目前国内外在有关长期荷载作用下土工合成材料蠕变发生的机理、蠕变计算模型及影响蠕变的温度效应等方面的研究深度和广度不够，研究结论不具有代表性。为此，本书对这一重要问题进行了长达 3 年的室内试验。

正如前所说，土工合成材料加筋路堤可缩短工期、降低造价、提高路堤稳定性。然而，对于加筋机理的研究还远落后于工程实践。工程实践证明，土工合成材料的加筋效果与设计及施工方法密切相关。Rowe & Soderman 提出的荷兰 Almere 试验堤[27]，地基为极软的有机黏土层（Cu = 8 kPa），厚 3.3 m，采用一层高模量（J = 2 000 kN/m）土工筋材加筋，施工过程中监测该筋材的应变，发现在填土高 1 m 以前，筋材应变接近于零，在填土高 1~2 m，筋材应变逐渐增加，但也只达 1%。而土工筋材的延伸率很大，极限应变低者为 20%~30%，高者达 60%。可见，在工作状态下筋材的抗拉强度远未发挥。在施工过程中，要完全达到理想的受力状态是较困难的，但要使筋材的受力尽量往理想状态靠拢，从而提高加筋效果是可能的[28-29]。徐少曼根据室内土工筋材加筋软基模型试验，提出了采用预应变加筋法加固软基的新途径，给出了预应变值 ε_0 的估算公式，试验表明，预应变加筋法可使筋材受力尽量接近理想受力机制，预应变加筋法正是基于这种想法而提出的[30-33]。

旨在提高加筋效果的预应变加筋法，预应变值的大小，目前往往只能凭设计人员的经验取值，最终导致预应变取值过大，筋材受到人为破坏；或者是预应变取值过小，达不到加筋效果。因此，如何进一步提高加筋效果，是一个值得研究的课题。本书在长达 3 年的试验中，共获得 4 261 个试验数据，按最小二乘法原则进行拟合得出不同荷载水平作用下土工网、土工格栅的全蠕变曲线。据此，合理提出了特种筋材在长期荷载条件下预应变值的大小及其计算公式。

为了充分说明预应变加筋法的合理性，本书运用强度折减有限元，进一步分析和验证了预应变值的大小对加筋效果的影响程度及土体弹性模量与筋材拉伸模量的相容性，用来更好地指导预应变加筋技术的推广应用。

1.2.2 加筋土技术的研究现状

现代加筋土技术是 20 世纪 60 年代发展起来的一项土体加固新技术。经过几十年的发展，加筋土结构已从加筋公路挡土墙和路堤发展到桥台、隧道、市政建设、港口航道、铁道工程、工民建工程、水库等领域，有的还用于核电站的围堤和军事工程等地方。

加筋土结构有以下优点：造型新颖美观，适用性强；施工技术简单、方便快捷，且加筋土体逐层回填成柔性结构，对地基承载力要求较低；对填料要求不高，来源广泛，一般除软土、有机土、硅藻土外均可用做填料；与重力式结构相比，能显著地节省材料；加筋土路堤坡度较大，工程占地面积大大减少。因此，加筋土结构产生的经济效益明显。

1998 年，原长沙交通学院[34]对湖南省长常高速公路软基采用平铺土工格网结合水泥粉喷桩进行了成功的复合地基方式加固处治，在软基上铺两层 CE131 土工格网并向两端延伸 10 m，再进行粉喷桩和复合地基的静载试验，通过数据处理和承载力计算，论证了这一处治软基非均匀沉降方法的有效性。陈惠民[35]总结了在 204 国道盐城北段的改建工程中对填河、鱼塘、桥头路段的软土地基采用土工格网加粉煤灰填料综合处理的经验。赵维炳等[36]介绍了南京绕城公路二期工程板桥段地基采用预应力土工筋材加筋与塑料排水板排水联合加固软土地基的处置方法，并进行了沉降观测及基于 Biot 固结理论的非线性有限元分析，试验结果和理论分析表明，将土工筋材与周围土体视为各向异性的加筋复合土体来进行处理，其处理方法非常有效。碎石桩在处理软土地基中，会遇到桩端破坏的问题；为此，应用土工加筋材料对碎石桩进行加固，在充填碎石时分层铺设土工筋材或将碎石桩围裹起来。

文献[37]提出了一种应用新型材料 Texsol 加筋砂陡坡技术，Texsol 中的聚酯纤维提供抗滑的黏聚力，砂提供摩擦力。法国、日本等开展的现场试验证明，这种结构能承受很大应变和吸收很高能量，强度也不会随时间增长而损失。

2001 年，杨锡武、欧阳仲春在渝长高速试验路段上开展了高 21.1 m、坡比 1∶0.75 的高陡边坡加筋技术研究，采用聚丙烯土工带作加筋材料，以现场试验和离心模型试验做对比，研究加筋边坡的变形特征，得出了合理的布筋方案，且对技术性和经济性进行了全面的现场评估；试验表明，高陡路堤边坡加筋能降低工程造价，增加高路堤边坡的稳定性，且施工简单、技术性好，在高等级公路建设中具有良好的应用前景。随着人们环保意识的增强，已开始利用绿色加筋技术，即在加筋陡坡表面种绿色植物。

在土工加筋材料处置路基非均匀沉降方面，2003年，周志刚等[39]在湖南耒宜高速试验路段上分层铺设土工格网材料对填挖交界路基进行处置，通过现场沉降观测、FWD弯沉检测及非线性有限元分析，对土工加筋材料处置填挖交界路基非均匀沉降的机理和设计方法进行了研究，并提出了填挖交界路基非均匀沉降指标-路表容许变坡率的计算方法。研究表明，用土工加筋材料处置填挖交界路基、路基顶面和路面结构层表面的水平拉应力和剪应力有较大幅度减小，降低了路基顶面和路面结构拉裂或剪裂的可能性。耒宜高速公路的运行情况表明，土工加筋法是一种有效解决填挖交界路基非均匀沉降的方法。

文献[40]把加筋土体的分析看成黏弹性阶段和黏弹塑性两个阶段。考虑筋材的蠕变特性，给出了黏弹性阶段加筋体的弹性应变、筋材的应力和土体的水平微观应力计算模型。进一步分析表明，随着时间的增加，筋材发生按负指数衰减的应力松弛，筋材的应力降低、应变增加。由此可针对具体的工程例子分析加筋土体的应力和变形情况，尽量避免由于加筋土体强度及稳定性降低、变形增加等原因而造成的严重后果。

在此基础上，本书进一步研究了加筋土体的力学特性，建立了黏弹塑本构模型，并通过现场试验、离心模型试验、数值分析等手段，证实黏弹塑本构模型同黏弹性模型相比，前者更加符合加筋土的受力特点，又一次为加筋土理论的研究提供了参考依据。

1.2.3 离心模型试验研究现状

在1869年E.Phillips就提出了离心模型试验，并提出用其对横跨英吉利海峡的大钢桥进行验证，但由于各种原因，没有推广应用[41]。1931年，美国人Bucky在哥伦比亚大学将此技术用于矿山模型试验，因离心机半径过小（仅25 cm），无法进行定量观测模型变化[42]。Fuglsang和Vesen等人[43-44]根据土工离心模型试验的原理，归纳了原型与模型的相似比关系。1974年在巴库建成了半径5.5 m、容量达到$1\,500g \cdot t$[45]的最大离心机，但由于其结构不完善,制约了离心机在岩土工程研究领域中的应用。

20 世纪 60 年代后期,日本也开始了离心模型试验的研究工作[46-47],并在 1980 年建成容量 $300g·t$ 的大型土工离心机。剑桥大学 $108g·t$ 离心机采用可控硅恒速装置,大大提高了调速精度,吊篮形式也改为摆动式,并率先配备了一种称为颠簸道路[48](bumpy road)式的激震装置进行动力离心模型试验。

20 世纪 80 年代以后,中国也在考察各国先进离心机的基础上自行设计建造了 2 台大型土工离心机,分别为中国水利水电科学研究院 $450g·t$ 离心机[49](1990 年建成)和南京水利科学研究院 $400g·t$ 离心机[50](1991 年建成),并采用了当时世界上先进的设计技术和量测仪器。

近年来,国际上离心机的研发逐渐向专业化方向发展。东京技术学院于 1998 年建造了直径 2.2 m 的鼓式离心机,用于土—水—结构的界面问题的研究[51];加拿大皇后大学矿业工程系建造了 1 台容量 $30g·t$ 的离心机,专门用来研究同矿山有关的问题[52]。美国国家工程和环境实验室建造了 1 台容量 $50g·t$ 的离心机,用来进行诸如水文和生物岩土工程等与环境有关的研究工作[53]。日本大林株式会社技术研究院于 2000 年建造了 1 台容量 $700g·t$ 的大型离心机,并配备了最大加速度 $50g$ 的震动台[54]。

文献[55]用两种材料的离心模型研究边坡倾倒破坏机理。石膏材料做的试验说明,数值模型不仅能模拟块状岩体的倾倒过程,而且能合理地考虑锚索的作用;通过人工石材料所做的离心试验发现,运用数值模型分析离心模型试验时,只有考虑裂缝对材料的影响以及对岩体抗拉强度进行等效修正,两者才能获得一致结果。此外,试验还证实了破坏面是一个在坡趾处位置较深的双折线型滑面。

文献[56]利用目前国内土工离心机中最大的内净空尺寸模型箱和 $400g·t$ 大型离心机,进行了港区软弱地基离心模型试验研究,模拟了堆场(与码头连接段)及下卧层在厚达 28 m 吹填粉细砂和 55 kN/m^2 使用荷载作用下所产生的不均匀沉降现象,并测量了沉降量、沉降差,且分析了沉降量与时间的关系,测试了吹填砂本身的压缩沉降量及不同深度的密实度、压缩模量和承载力变化等。

文献[57]通过一组离心模型试验,比较系统地研究了高填土路堤下软弱地基在采用砂井排水固结或采用土工织物加筋垫层等不同方法处置后的变形性状，所得试验成果既有针对性，又具有普遍性，对软弱路基的设计与施工有一定的指导意义。

文献[58]用离心加载模型试验方法研究昔格达组黏性土场地上高大结构型挡土墙的变位性状及土压力分布模式，并将试验结果与设计规范进行了对比分析。在此基础上提出了这种情况下挡土墙土压力分布模式的建议，其结果对于昔格达组黏性土场地上高大挡土墙的设计工作发挥了较大的指导作用。由于墙底的位移大于墙顶，土压力的分布形式为上下小，中间大。最大值在墙高一半至下三分之一处。这进一步证实了许多刚性挡墙的现场实测及模型试验的结论[59-61]，与朗金或库仑理论不尽相同。在其他条件相同的情况下，超载对土压力的影响并不大。这是由于超载的作用使潜在破裂面上的法向应力增大，从而使破裂面上的抗剪强度有所提高，减小了超载的扩散压力的侧向作用。

文献[62]以务坪水库心墙堆石坝为例，该坝最大坝高 53 m，建筑在湖积软土层上，坝基处理是利用中国水利水电科学研究院 LXJ-4-450 土工离心机进行的。模型比尺采用 1/200，模型加速度为 $200g$，并以关系式 $Ct = n^2$ 模拟大坝施工的历时过程。

文献[63]介绍了土壤冻胀离心模拟试验。该试验在清华大学水电工程系的 QH-$50g \cdot t$ 岩土离心机上进行。该设备的技术特征[64]：最大有效负荷为 $50g \cdot t$；转臂外半径（吊篮底）为 2.4 m；吊篮有效空间 0.7 m × 0.7 m × 1.3 m；供水系统能力（到转臂）200 L/min。有两套 220 V 电源和 32 路数采线到转臂上。进行冻土基础的离心模型试验，须给模型提供温度变化环境。根据这些技术特征和我国制冷技术现状，采用半导体（Peltier）组成热交换板给模型供冷/热的方式，其原理是通过半导体产生冷/热的 Peltier 效应来变温。

文献[65]介绍了离心模型试验技术在地震工程研究中的应用原理与方法，并真实地再现了地震发生时土层液化的主要特点。

文献[66]通过介绍软黏土地基及吹填土上土工织物加筋堤的离心模型试验，研究了不同排水条件、不同织物布置方式对堤坝稳定和变形的影响，并通过非线性有限元分析得到了加筋后堤坝侧向变形、沉降及应力的分布规律。

文献[67]通过京九铁路加筋土挡墙的离心模型试验，验证了其总体设计方案的稳定性。对加筋材料、墙体、面板等的模拟技术及其相似率进行了探讨。同时对 NHRI-50$g·t$ 离心机数据采集系统及测试技术进行了介绍。

文献[68]以黄骅港北防波堤工程为依托,对土工织物加筋软黏土地基及斜坡式防波堤体系的固结过程进行了离心模型试验和有限元数值模拟,通过分析地基土体固结过程中防波堤-加筋垫层-地基体系的位移场和应力场的发展及织物拉应力分布和发展,验证了离心试验及数值模拟方法的合理性。

文献[69]利用土工离心机对 LNPALs 在非饱和土中的迁移进行模拟,得到了 LNPALs 长期的运移规律试验。

文献[70]结合设计需要,开展多组土工离心模型试验,研究了均匀砂土地基中遮帘桩与前墙距离对前墙土压力分布的影响。试验结果发现,由于遮帘桩的存在,前墙侧向土压力分布完全不同于无遮帘桩情形下的线性分布。总体平均侧压力系数 K 小于无遮帘桩情形下的 K 值,根据 K 随遮帘桩与前墙距离的变化趋势,初步探讨了最佳墙桩距离这一设计参数。

本书在长沙理工大学土工离心模型试验中心,通过离心模型试验,揭示了加筋技术在控制高填路堤不均匀沉降方面所突显出来的优势,并为加筋土黏弹塑本构模型的研究提供试验数据。

1.2.4 高填方路基强夯技术研究现状

对于工程实际问题,理论研究常常落后于工程应用,强夯法也是如此[71]。文献[72]通过我国山区填石路堤现场强夯试验,认为强夯能提高土体的极限承载能力,影响深度在 6 米以上,相对压实超过 95%。文献[73]认为强夯能有效地消除土壤深部液化现象,并给出了巴基斯坦成功的案例。目前工程实际中通常采用由现场[74-77]或室内试验获得的数据作为试夯经验参数,根据现场试夯结果,最终确定正式的强夯施工参数。所以目前国内对强夯试验研究十分重视。强夯试验主要有强夯模型试验[78-79]、现场强夯试验[80-82]及强夯室内试验。

模型试验是基于几何相似、运动相似及动力学相似原理,研究含水量、夯击能量等对强夯效果的影响程度,并与工程实践相比较,从而为设计和施工供理论依据[83]。文献[84]使用 MTS810 土动三轴仪对强夯加固饱和土地基进行了全面、系统的室内模型试验,研究了强夯冲击荷载作用下饱和土的动本构关系。文献[85]运用读数显微镜位移跟踪法,进行了黄土强夯模型试验,推导了加固深度的计算公式。文献[86]围绕黄土路堤强夯压实处理问题进行了室内模型试验,分析了路基在强夯前后的分层压实度变化规律、路顶分层土的夯沉量和侧向挤出变形量以及强夯振动力沿路基深度水平向的传递规律。李志[87]利用前人的室内强夯模型试验结果,提出了一种估算夯点外加固程度的计算方法,并建立了薄弱点处的加固程度与无量纲夯点间距的本构模型。

现场强夯试验主要解决山区高速公路填石路基施工中压实效果难以保证的问题。文献[88]结合承唐高速公路承德段填石路基的特点,分析了强夯法的设计要点,确定了夯击能、夯点布置、夯击次数等相关参数,制定了山区高速公路填石路基强夯实施方案,并通过现场试夯证明了该方案的有效性和可行性。文献[89]基于现场试验,针对钱家欢加卸载弹性模型中强夯冲击应力在加荷阶段应力偏大,卸荷阶段应力函数形式复杂的不足,对应力峰值进行修正和对应力函数进行改进,即将复杂的分段函数形式转化为标准的正弦函数形式。而且,根据动力分析中应力边界与速度边界之间的关系,将应力边界时程转化为速度边界时程,并将正弦荷载函数引入,推导出一种计算土体竖向位移的简化计算方法。工程实例表明,该法形式简单、使用方便,计算结果很接近实测位移。文献[90]认为土体受冲击作用(或称强夯)时 Rayleigh 波(简称"R 波")的产生与传播对土体起着不可忽视的作用,通过现场强夯试验重点研究了 R 波在强夯加固地基中的作用,并结合土体的振动特性,对 R 波的传播特点、影响深度、引起的变形和体积变化规律进行了讨论。结果表明,R 波为强夯法的有效加固波形,其影响深度约为一个波长左右,且对锤底土能起到加密作用,对夯坑以外的土表面在 R 波的传播过程中有变松作用。结合工程实例给出了成层地基土中 R 波弥散曲线的求解方法和科学估算强夯影响深度的方法,突破了一直沿用至今的 Menard 估算加固深度公式的局限。由此可得出,R 波在强夯加固地基中有较大的贡献,并非是单纯的有害波的结论。

强夯置换法是一种经济、简单易行的地基处理方法,但目前仍没有成熟的设计计算方法,施工前必须进行试夯以确定其适用性及加固效果[91-93]。为此,进行了有限元分析,研究相同置换率条件下,桩(墩)

径对加固效果的影响，为桩（墩）径的选择提供参考依据。通过试验区的试夯试验，确定施工参数，验证强夯置换法用于这类湿地地基的合理性。工程实践表明，"重锤低落距"和"轻锤高落距"的作用效果有较大差别。文献[94]在考虑材料非线性、几何非线性、接触非线性、运动非线性以及它们之间相互耦合特性的基础上，利用显式瞬态非线性有限元分析技术分析了强夯夯锤对地基土的冲击碰撞过程，得到了土体的运动轨迹、夯锤与土体之间的最大撞击力、撞击持续时间、夯沉等结果，分析了不同夯击方式下的能量利用效率及土的物理力学指标对夯击方式的敏感性，结果表明"重锤低落距"优于"轻锤高落距"这一结论是有条件的。

数值计算在强夯领域中的应用越来越广泛[95-96]，其特点是能够考虑复杂边界条件、模拟复杂岩土介质的非线性及多场耦合特性[97-100]。吴铭炳[101]、梁志荣[102]、李本平[103]等根据相关联的广义 Mises 模型及加卸载双线性模型，基于动力有限元法较为细致的研究了强夯问题；帅方生、钱家欢[104-105]等根据加权余量法导出弹性振动问题的边界积分方程，并将其应用于边界元解强夯问题。

蒋鹏[106]将强夯本构关系引入大变形问题，构建了大变形物理方程，编写了大变形强夯动力有限元程序，并定量分析了大变形下强夯加固过程，由于采用的是加卸载双线性模型，所以其本构关系在确定的时步上只适用于线弹性。

2003 年太原理工大学牛志荣[107]教授首次将功能强大的 ANSYS 软件用于强夯冲击数值模拟，取得了较为理想的效果，但采用的是二维模型。文献[108]通过现场试验和数值模拟得出 4 种夯击能量在 5.5 m 的深度处的下沉位移均达到 5.0~7.0 cm。数值分析和现场试验所揭示的土体应力应变规律相同且数值相近；夯锤直径为 2 m 及夯击能 1 200 kN·m 作用下，土体的有效影响深度为 4~6 m，锤间距（中心距）不宜超过 3.5 m。上述试验和数值模拟成果可为同类条件下路基强夯加固施工提供参考。

本书通过室内强夯试验、现场试验路段的强夯试验和强夯机理数值分析三者的相互对比及验证，更加全面的研究了强夯技术的有效性，建立了土体的夯沉量与夯击次数的关系式及土体竖向位移量随深度递减的本构模型。

1.2.5 高填路堤沉降预测模型研究现状

地基沉降是路基施工中一个重要的研究课题，而沉降的预测同一般的土工计算相比技术性更强，同时通过对此种方法的大量运用，可以积累沉降预测方面的资料和实际监测经验供日后借鉴。为此，许多高速公路都开展了沉降观测工作，如京津塘（1987）、沪嘉（1989）、广佛（1990）、广深珠（1992）、沪宁（1992）、杭甬（1992）、佛开（1994）、广珠（1995）、耒宜（1999）、衡枣（2001）、常张（2003）和常吉（2004）等高速公路，以此来对高速公路的设计和施工提供依据并指导施工。根据对现场实测沉降资料的整理分析和研究，提出了许多沉降预估的方法，如双曲线法、指数曲线法、泊松曲线法、浅岗法、星野法、三点法、沉降速率法、灰色预测法、神经网络预测法、模糊综合评判法和反分析法等。

上述提到的几种地基沉降预测的方法大致可归纳为二类[109]：一类是基于较严格的应力-应变关系建立其本构关系，另一类是根据前期沉降观测的资料建立各种沉降预测模型进行后期沉降预测。但这些方法都存在搜索慢及陷入局部最优解等缺陷[110]，有必要研究改进现有的参数识别方法。

根据高填路堤沉降的特点，本书运用非等时距预测模型 GM(1,1)[111]，并结合实测沉降数据，引入遗传算法[112]及最小二乘法确定该模型中的灰色参数 a 和 u，据此预测路基后期的沉降量及最终沉降量，以提高路基沉降预测的速度和精度。

1.3 本书研究内容、研究方法和技术路线

1.3.1 主要研究内容

基于江西武吉高速公路和湖南常吉高速公路这二个工程，重点围绕预应变加筋法和动力强夯等处置技术开展研究工作，其中包括：

（1）路基填料室内试验及路用特性研究；
（2）土工合成材料蠕变特性及预应变加筋技术研究；
（3）加筋土离心模型试验及其黏弹塑特性分析；
（4）动力强夯控制高路堤非均匀沉降试验分析及技术研究；
（5）高路堤沉降预测模型对比分析。

其意义体现在以下 7 个方面：

（1）从施工现场选取有代表性的土样进行相关的室内试验，获得大量的试验数据，重点分析其路用特性，为本书其他章节的研究提供可靠的物理参数和技术指导。

（2）为了更加真实地揭示高填路堤中土工合成材料的长期力学性能，力求在尽可能长的时间内进行常态下的土工合成材料蠕变试验，更加全面地揭示蠕变特性，以提高蠕变预测的精度。

（3）为全面推广预应变加筋法新技术，基于室内和现场试验，进一步研究预应变加筋机理并证实其有效性，为预应变加筋技术提供新的理论依据、改进其施工技术。

（4）基于不同的研究假设，进一步分析加筋土之间的相互作用并合理地解释加筋土机理，并从分析宏观加筋土单元中土和筋材的微观应力角度出发，建立基于黏弹塑特性的加筋土本构模型，旨在为加筋土技术提供科学的理论依据。

（5）通过土工离心模型试验，揭示筋材有利于控制高路堤的不均匀沉降、提高土体的稳定性、抑制微裂缝的发生与发展。

（6）在分析动力强夯变形机理的基础上，利用强夯室内模型试验，分析不同参数对强夯加固效果的影响，并与现场实测数据及数值分析三者相互验证，再一次证实动力强夯对减少高填方路堤非均匀沉降的有效性。

（7）通过两个实例对各个高路堤沉降预测模型的拟合和预测精度进行比较和分析，揭示各种预测模型的优缺点和适应条件，为高路堤沉降预测提供依据。

1.3.2 拟采取的研究方法

本书通过调研、室内土工试验、现场试验、土工离心模型试验、理论研究及数值分析相结合，将结构工程中的预应力技术及汽车碰撞中的动力效应等相关原理引入路基工程中，跨学科进行理论上的探讨，解决工程实际问题。

即在广泛调研的基础上，对目前高路堤稳定性和非均匀沉降等一系列问题进行对比分析，以室内试验、现场观测和理论分析为依托，结合目前先进的新技术新方法等的应用研究,科学、系统地提出高路基稳定性及非均匀沉降控制的有效方法。

1.3.3 技术路线

本书的研究技术路线如图 1.1 所示。

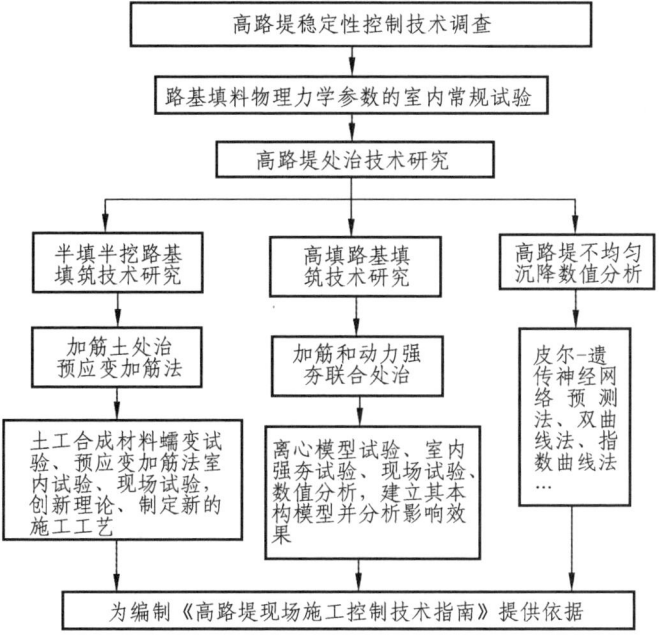

图 1.1 研究技术路线

2

路基填料室内试验及路用特性研究

2.1 研究目的

本章以江西武吉高速公路、湖南常吉高速公路为背景,从施工现场选取了 4 种有代表性的土样进行了相关的室内试验,获得了大量的试验数据,重点分析其路用特性,为本书其他章节的研究提供可靠的物理参数,并用来指导加筋及动力强夯等技术在施工过程中的应用。

2.2 研究内容

不同的土体其工程特性各不相同,导致其施工方法和施工效果存在明显的差异,为此,本书针对所研究的两个工程选取土样进行相关的室内土工试验,测定各种土体的最大干密度、粒径成分、天然含水量、孔隙比、抗剪强度参数 C 及 ϕ 值、回弹模量 E、承载比 CBR 等。

在此基础上得到不同压实度条件下的抗剪强度,重点分析抗剪强度、回弹模量与压实度的相互关系,揭示各种土样的路用特性,更好地指导施工。

2.3 研究方法

根据典型断面,在现场取土进行室内土工试验。

(1)由于 1#、4#土样中粗粒土含量比较多,根据规范要求选用烘干法(T0103—1993)测其天然含水量;

(2)2#、3#土样使用比重瓶法(T0112—1993)测其土体比重;对于 1#、4#土样则使用浮力法(T0169—2007)测土粒比重,并计算土体比重;

(3)在击实试验中,1#、4#土样需选用大击实筒(T0131—2007);

(4)土的承载比 CBR 试验(T0134—1993)及回弹模量试验(承载板法)(T0135—1993)中,制作土样需筛除 40 mm 以上的粗颗粒;

(5)考虑到 1#、4#土样中 2 mm 以下颗粒含量小于 40%,统一选用大型直剪仪。

将所获得的各种物理参数绘制成曲线图并总结规律,从而得到各种土样的路用特性。

2.4 试验过程及数据分析

1. 土的天然含水量、比重及颗粒分析

参照土工试验规范要求，对 4 种土样分别进行了颗粒分析试验、天然含水量试验、比重试验。

试验结果如表 2.1，土样筛分曲线如图 2.1~图 2.4 所示。

表 2.1 土样物理参数

土样	天然含水量	土体比重	土颗粒比重	小于 5 mm 土的含量	土样来源
1#	7.66%	1.806	2.547	46.13%	武吉高速
2#	4.11%	1.872	2.677	89.38%	武吉高速
3#	12%	1.926	2.760	98.09%	武吉高速
4#	4.7%	1.891	2.584	53.47%	常吉高速

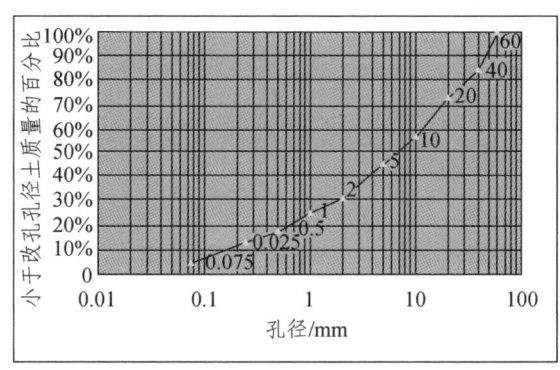

图 2.1 1#土样筛分曲线

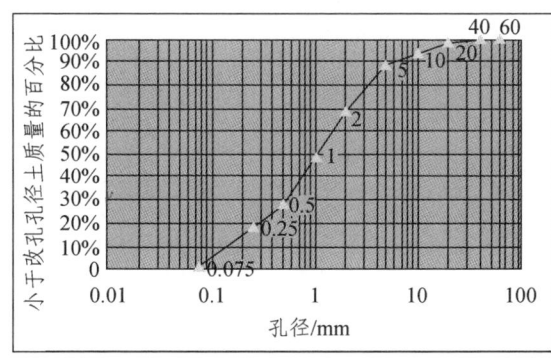

图 2.2 2#土样筛分曲线

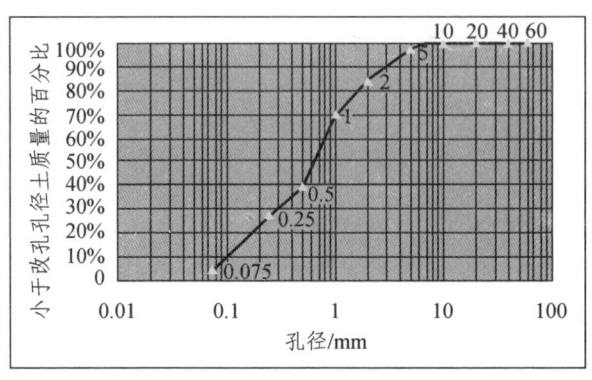

图 2.3　3#土样筛分曲线

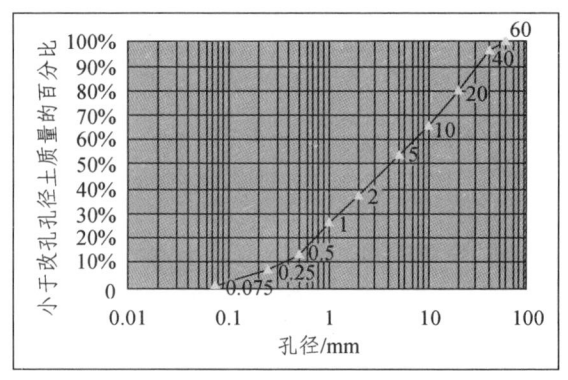

图 2.4　4#土样筛分曲线

通过上述筛分试验，根据土工试验规程进一步判断：1#土样和 4#土样为砾类土，并根据现场施工特点，1#土样定性为碎石土，4#土样定性为红砂岩。2#土样和 3#土样为砂类土，并且 2#土和 3#土中细粒组占总质量百分比含量均小于 5%，称为砂。

1#土的不均匀系数 $Cu = 23.4$，曲率系数 $Cc = 0.6$，所以为级配不良砾，即 GP；

2#土的不均匀系数 $Cu = 7.0$，曲率系数 $Cc = 0.9$，所以为级配不良砂，即 SP；

3#土的不均匀系数 $Cu = 9.0$，曲率系数 $Cc = 0.4$，所以为级配不良砂，即 SP；

4#土的不均匀系数 $Cu = 17.0$，曲率系数 $Cc = 0.5$，所以为级配不良砾，即 GP。

2. 击实试验求最大干密度与最佳含水率

根据土工试验规范，绘制干密度与含水率的关系曲线图 2.5～图 2.8，从而求出 4 种土样的最大干密度与最佳含水率。

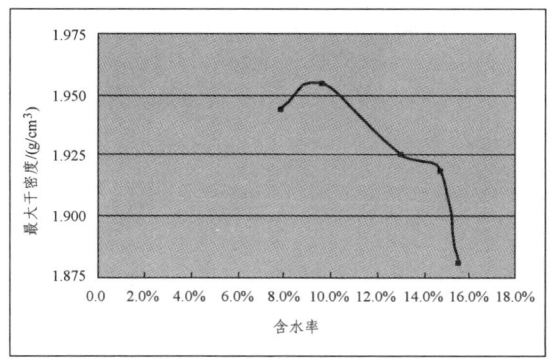

图 2.5　1#土样干密度与含水率的关系曲线

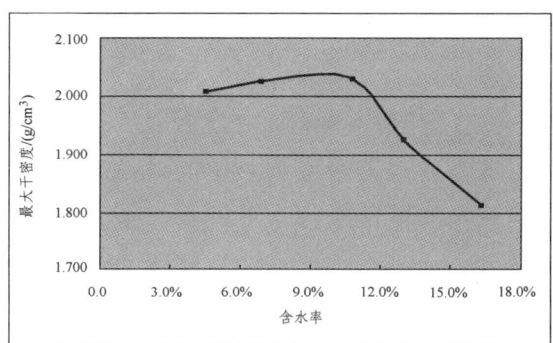

图 2.6　2#土样干密度与含水率的关系曲线

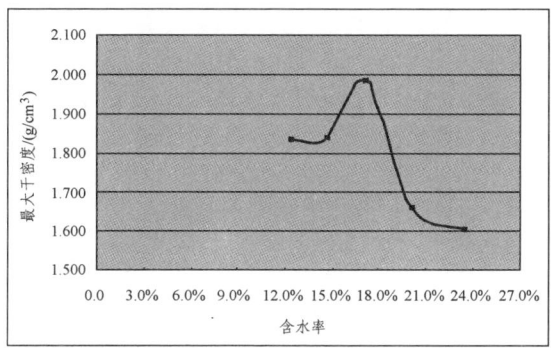

图 2.7　3#土样干密度与含水率的关系曲线

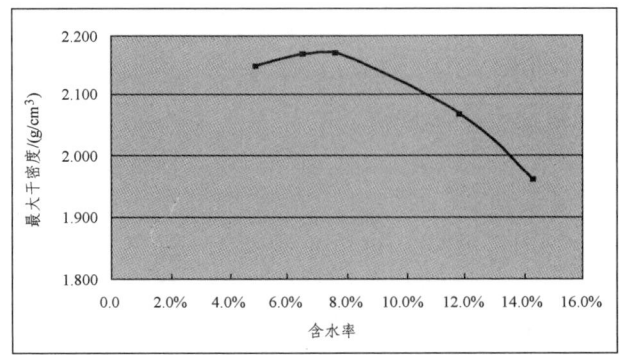

图 2.8　4#土样干密度与含水率的关系曲线

通过试验得出，上述 4 种土样的最大干密度与最佳含水率分别是：
1#土样：最大干密度 1.955 g/cm^3，最佳含水率 9.2%。
2#土样：最大干密度 2.036 g/cm^3，最佳含水率 9.6%。
3#土样：最大干密度 1.99 g/cm^3，最佳含水率 17.0%。
4#土样：最大干密度 2.170 g/cm^3，最佳含水率 7.2%。

3. 直剪试验

由于砂土的抗剪强度与干密度有密切关系，在此对每种砂土设计了三种干密度及对应的压实度，进行直剪试验。除了求出抗剪强度与垂直压力的曲线关系以外，还求出抗剪强度指标与干密度及压实度的关系。试验结果如图 2.9～图 2.12 所示。

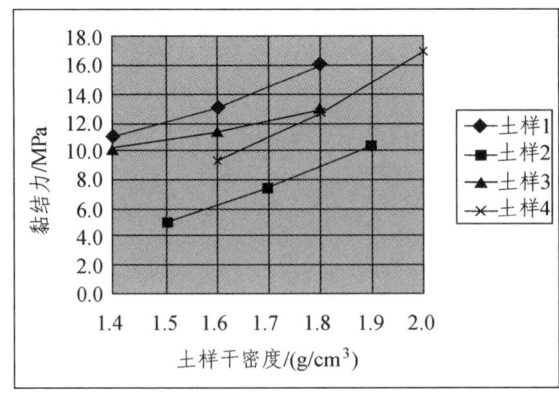

图 2.9　土样黏结力与干密度关系曲线

2.4 试验过程及数据分析

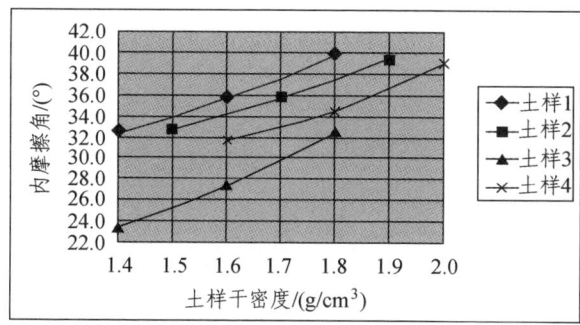

图 2.10　土样内摩擦角与干密度关系曲线

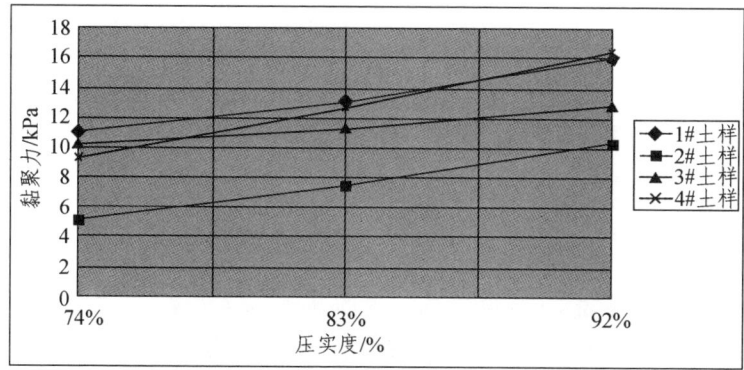

图 2.11　土样黏结力与压实度关系曲线

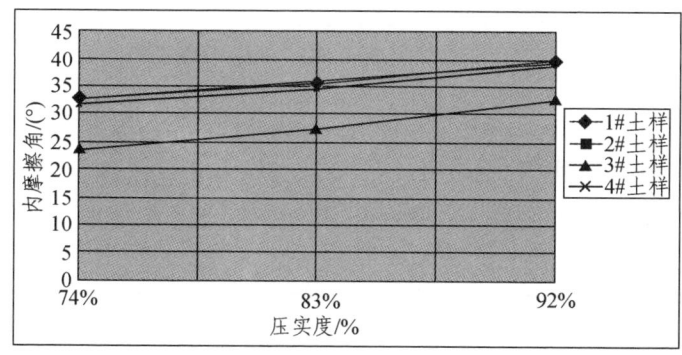

图 2.12　土样内摩擦角与压实度关系曲线

4. 回弹模量试验（承载板法）

4 种土样的最大粒径均取 40 mm，即均过 40 mm 筛，每种土样分别在压实度为 90%、94%、96%、100%条件下做 3 组平行试验，取其平均值。不同压实度时土样回弹模量平均值如表2.2，回弹模量与压实度的关系曲线如图2.13。

表2.2 不同压实度时土样回弹模量平均值　　　单位：kPa

土样	压实度			
	90%	94%	96%	100%
1#碎石土	18 573	22 847	23 511	26 417
2#砂土	12 009	15 296	19 343	22 128
3#砂土	11 344	12 868	14 179	16 458
4#红砂岩	13 021	16 874	24 051	28 763

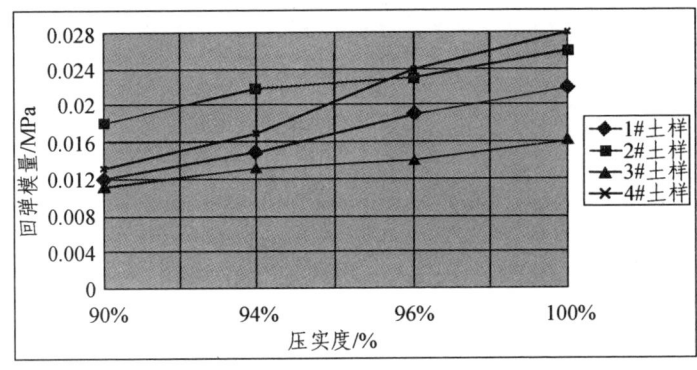

图2.13　回弹模量与压实度的关系曲线

5. CBR 试验

每种土样在压实度为100%，即最大干密度条件下分别做3组平行试验，测定当贯入量分别为2.5 cm和5.0 cm时CBR平均值，如表2.3。

表2.3　土样CBR值

土样号	各 组 值					
	贯入量 2.5 cm			贯入量 5.0 cm		
	1	2	3	1	2	3
1#碎石土	47.6%	48.58%	48.79%	49.88%	50.38%	50.01%
	48.32%			50.195%		

续表

土样号	各 组 值					
	贯入量 2.5 cm			贯入量 5.0 cm		
	1	2	3	1	2	3
2#砂土	42.15%	40.42%	40.28%	39.24%	38.39%	38.44%
	40.95%			38.69%		
3#砂土	30.60%	30.56%	30.56%	30.59%	30.53%	30.34%
	30.57%			30.49%		
4#红砂岩	53.56%	55.56%	54.71%	49.54%	49.34%	48.95%
	54.61%			49.28%		

2.5 本章小结

本章根据不同的典型断面、不同土类在现场取土进行了室内试验，测定了各种土体的最大干密度、天然含水量、孔隙比、液限指数 I_L、塑限指数 I_P、抗剪强度参数 C、ϕ 值、回弹模量、CBR 等数据，在此基础上，对 4 种土样进行了定性和定量分析。

（1）随着干密度或压实度的增大，土体内摩擦角、黏聚力及回弹模量均增大，但增长幅度慢慢减少，即为非线性关系，为本书动力强夯中最佳夯击次数提供理论依据。

（2）1#土样和 4#土样为砾类土，并根据现场施工特点，定性为碎石土，4#土样定性为红砂岩；2#土样和 3#土样为砂类土，并且 2#土和 3#土中细粒组占总质量百分比含量均小于 5%，称为砂。

3

土工合成材料蠕变特性及预应变加筋技术研究

3 土工合成材料蠕变特性及预应变加筋技术研究

3.1 研究目的

为了更加真实地揭示高路堤中土工合成材料的长期力学性能，本章力求在尽可能长的时间内进行常态下的土工合成材料蠕变试验，更加全面地揭示其蠕变特性，以提高蠕变预测的精度。

为全面推广预应变加筋法新技术，本章基于室内试验，提出预应变的理论计算公式，为预应变加筋技术提供新的理论依据；通过现场试验，证明预应变加筋法新技术的有效性，在实践中改进其施工技术、完善施工工艺。

3.2 研究内容

1. 土工合成材料蠕变试验

土工合成材料蠕变试验研究内容包括：

（1）时间效应及温度效应。土工合成材料具有明显的蠕变特性，对于如何判断蠕变对工程的影响，国内众多学者一般采用短期蠕变的成果，求得经验公式，以推求长期的蠕变量。本书主张在常温下充分延长蠕变试验的时间，观察其时间效应和温度效应，以增加推求长期蠕变的精度，并全面分析影响蠕变效果的主要因素及其影响程度。

（2）蠕变模型。将记录下来的大量试验数据进行拟合，推导其蠕变模型，为土工合成材料蠕变特性的研究提供参考依据。

2. 预应变加筋法

预应变加筋法研究内容包括：

（1）预应变值的理论计算及数值分析。基于室内试验获取的大量数据推导预应变加筋法的理论计算公式，并结合数值分析验证其有效性。

（2）现场试验。选取典型断面埋设沉降板进行沉降观测，通过现场试验获得路基在施工过程中及工后的不均匀沉降量并进行分析，进一步证实预应变加筋法的可行性及科学性。

（3）施工技术及施工工艺。将结构工程预应力技术中的"反拱度"首次引入路基工程，提出新的施工技术和施工工艺。

3.3 蠕变试验

蠕变是固体材料在保持应力不变的条件下，应变随时间延长而增加的现象。它与塑性变形不同，塑性变形通常在应力超过弹性极限之后才出现，而蠕变只要应力的作用时间相当长，它在应力小于弹性极限时也能出现。

蠕变机制有扩散和滑移两种。在外力作用下，质点穿过晶体内部空穴扩散而产生的蠕变称为纳巴罗-赫林蠕变；质点沿晶体边界扩散而产生的蠕变称为柯勃尔蠕变。由晶内滑移或者由位错促进滑移引起的蠕变称为滑移蠕变，也称魏特曼蠕变。蠕变作用解释了材料大变形在低应力下可以实现的原因。

3.3.1 试验材料基本性能

本试验结合现场情况，特选用湖北力特塑料制品有限公司的 CE131 土工网和重庆庆兰生产的 SDL25 土工格栅，其主要物理力学性能如表 3.1 所示。

表 3.1 试验材料基本性能

材料名称	网孔尺寸/mm	抗拉强度/(kN/m)	屈服强度/(kN/m)	断裂伸长率	屈服伸长率
CE131 土工网	27.0×27.0	5.80	4.30~4.90	80.0%	10.0%~14.0%
SDL25 土工格栅	90.0×25.0	25.0	20.0~22.5	15.0%	6.0%~8.0%

3.3.2 试验方法

为研究不同强度条件下土工合成材料的蠕变特性，特制作了 6 组 CE131 土工网及 4 组 SDL25 土工格栅试样。在试验过程中因 2 个土工网样和 1 个土工格栅试样在夹具内断裂，按规定应予以剔除，其余试样较为理想，编号分别为 1#、2#、3#、4#土工网和 1#、2#、3#土工格栅。根据经验，试验前不必施加预拉伸荷载，只靠试样自重铅直悬挂，同时蠕变荷载一次施加，应注意保持各试样施荷速率一致。

1. 试样尺寸及荷载大小

试样尺寸及荷载大小如表 3.2 所示。

表 3.2 试样尺寸及荷载大小

试样	试样尺寸/mm	荷载等级	瞬间延伸率
1# 土工网	305.0×150.0	70.0%	21.71%
2# 土工网	305.0×150.0	60.0%	20.49%
3# 土工网	351.0×150.0	40.0%	10.02%
4# 土工网	210.0×150.0	30.0%	6.29%
1#土工格栅	226.0×100.0	20.0%	2.22%
2#土工格栅	226.0×100.0	30.0%	2.44%
3#土工格栅	240.0×100.0	40.0%	3.97%

由于试样加载瞬间，网格由方形变为扁长形，导致瞬间延伸率大于屈服伸长率。

2. 试验夹具及注意事项

本试验使用的夹具为二块厚钢板并通过高强度螺栓锚固的试验装置，在土工合成材料试样的上下两端配置夹具，并在下部夹具上设置重物加载环，用来悬挂加载的重物，内衬橡胶垫。夹具尺寸：180 mm×50 mm×50 mm，5 个预留螺丝孔，1 个吊物孔，见图 3.1。

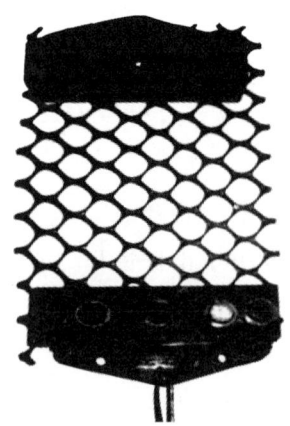

图 3.1 蠕变试验方法

值得注意的是，当土工合成材料受拉时，其瞬间横向变形也相对较大。为防止拉伸时因横向收缩导致试样断裂破坏，加载瞬间夹具两边的螺栓不宜拧得过紧。待纵向变形趋于稳定后再拧紧螺栓。

3.3.3 试验结果

试验初期，每天观测一次蠕变量及室内温度的变化。

（1）土工网中的 1#试样历经 1 728 h、2#样历经 2 424 h、3#样历经 5 304 h 后均已断裂（如图 3.2），其延伸率分别为 70.1%、68%、61%。4#样历经 8 664 h 后不再发生蠕变，3 年内也未见蠕变发生，认为此时的土工网已处于稳定状态，故终止试验。总共获得 2 369 个试验数据。

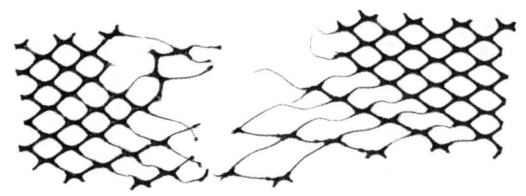

图 3.2　蠕变过程的颈缩与断裂形式

（2）土工格栅中的 1#样和 2#样历经 5 928 h 后均不再发生蠕变，同样，3 年内也一直未发生蠕变，也可认为此时的土工格栅已处于稳定状态，终止试验。3#样历经 5 500 h 后断裂，其延伸率为 39.49%。总共获得 1 892 个试验数据，其中部分试验数据如表 3.3、表 3.4。

表 3.3　1#土工网蠕变试验原始数据记录

时间间隔/d	累计天数	延伸量/cm		延伸率		记录时段内的最高温度/°C	备注
		某时段值	累计值	某时段值	累计值		
1	1	2.86	2.86	9.39%	9.39%	15	试样初始长度 30.50 cm、宽度 15.0 cm、加载 70%、瞬时延伸率 21.70%。"☆"表示温度效应
1	2	0.55	3.41	1.80%	11.19%	15	
3	5	0.08	3.49	0.26%	11.45%	16	
2	7	0.12	3.61	0.39%	11.84%	17	
2	9	0.15	3.76	0.49%	12.33%	17	
2	11	0.12	3.88	0.39%	12.72%	18	

续表

时间间隔/d	累计天数	延伸量/cm 某时段值	延伸量/cm 累计值	延伸率 某时段值	延伸率 累计值	记录时段内的最高温度/°C	备 注
2	13	0.15	4.03	0.49%	13.21%	13	
2	15	0.01	4.04	0.03%	13.24%	12	
5	20	0.12	4.16	0.39%	13.63%	20	
7	27	0.75	4.91	2.46%	16.09%	25	☆
2	29	0.48	5.39	1.57%	17.66%	30	☆
2	31	0.81	6.2	2.66%	20.32%	30	☆
2	33	0.01	6.21	0.03%	20.35%	15	
4	37	0.06	6.27	0.19%	20.54%	15	
3	40	0.11	6.38	0.36%	20.90%	16	
6	46	0.28	6.66	0.92%	21.82%	18	
1	47	0.53	7.19	1.74%	23.56%	28	☆
1	49	0.01	7.2	0.03%	23.59%	18	
7	56	0.29	7.49	0.95%	24.54%	18	
2	58	0.31	7.80	1.02%	25.56%	25	
1	59	0.15	7.95	0.49%	26.05%	22	
1	60	0.55	8.50	1.80%	27.85%	28	☆
1	61	4.04	12.54	13.25%	41.10%	30	☆
1	62	2.65	15.19	8.69%	49.79%	30	☆
1	63	0.82	16.01	2.69%	52.48%	25	☆
1	64	0.79	16.8	2.59%	55.07%	25	☆
1	65	0.77	17.57	2.52%	57.59%	26	☆
1	66	0.9	18.47	2.95%	60.54%	28	☆
1	67	0.57	19.04	1.87%	62.41%	23	
1	68	0.03	19.07	0.1%	62.51%	22	
1	69	0.02	19.09	0.06%	62.57%	20	
1	70	0.11	19.20	0.36%	62.93%	20	
1	71	0.09	19.29	0.29%	63.22%	19	
1	72	2.1	21.39	6.88%	70.1%	21	拉断

3.3 蠕变试验

表 3.4 3#土工格栅蠕变试验原始数据记录

时间间隔/d	累计天数	延伸量/cm 某时段值	延伸量/cm 累计值	延伸率 某时段值	延伸率 累计值	记录时段内的最高温度/°C	备注
1	1	0.93	0.93	3.88%	3.88%	8	
1	2	0.31	1.24	1.29%	5.17%	10	
3	5	0.24	1.48	1.00%	6.17%	8	试样初始长度 24 cm、宽度 10 cm、加载总量 40%、瞬间延伸率 3.96%
2	7	0.11	1.59	0.46%	6.63%	12	
2	9	0.05	1.64	0.21%	6.84%	10	
2	11	0.05	1.69	0.21%	7.05%	20	
4	15	0.03	1.72	0.13%	7.18%	10	
6	21	0.12	1.84	0.5%	7.68%	11	
6	27	0.2	2.04	0.83%	8.51%	8	
8	35	0.02	2.06	0.08%	8.59%	6	
9	44	0.05	2.11	0.20%	8.79%	8	
5	49	0.05	2.16	0.20%	8.99%	6	
12	61	0.1	2.26	0.42%	9.41%	21	
7	68	0.28	2.54	1.17%	10.58%	15	
7	75	0.22	2.76	0.92%	11.50%	8	
7	81	0.31	3.07	1.29%	12.79%	10	
7	88	0.28	3.35	1.17%	13.96%	8	
7	95	0.28	3.63	1.17%	15.13%	6	
7	102	0.22	3.85	0.92%	16.05%	18	
7	109	0.26	4.11	1.08%	17.13%	20	
7	116	0.18	4.29	0.75%	17.88%	21	
7	123	0.17	4.46	0.71%	18.59%	24	

续表

时间间隔/d	累计天数	延伸量/cm		延伸率		记录时段内的最高温度/°C	备注
		某时段值	累计值	某时段值	累计值		
7	130	0.18	4.64	0.75%	19.34%	25	
7	137	0.24	4.88	1.00%	20.34%	22	
7	144	0.23	5.11	0.96%	21.30%	16	
7	151	0.25	5.36	1.04%	22.34%	26	
7	158	0.29	5.65	1.21%	23.55%	32	
7	165	0.27	5.92	1.13%	24.68%	30	
7	172	0.21	6.13	0.88%	25.56%	35	
7	179	0.26	6.39	1.08%	26.64%	28	
7	186	0.27	6.66	1.13%	27.77%	30	
7	193	0.28	6.94	1.17%	28.94%	33	
7	200	0.25	7.19	1.04%	29.98%	35	
7	207	0.35	7.54	1.46%	31.44%	34	
7	214	0.28	7.82	1.17%	32.61%	35	
7	221	0.27	8.09	1.13%	33.74%	36	
7	228	0.44	8.53	1.83%	35.57%	36	
7	235	0.51	9.04	2.13%	37.70%	38	
15	250	0.32	9.36	1.33%	39.03%	36	
30	280	0.1	9.46	0.42%	39.45%	40	
60	340	0.01	9.47	0.04%	39.49%	25	
180	520	0	9.47	0	39.49%	12	
210	730	0	9.47	0	39.49%	25	

以 10 d 为一个统计时段来记录发生的蠕变量，绘制成全蠕变曲线，如图 3.3 和图 3.4 所示。

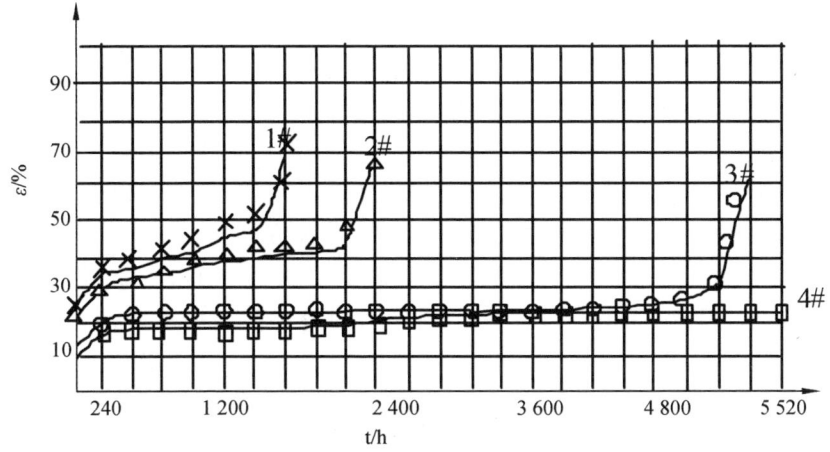

图 3.3　土工网蠕变曲线

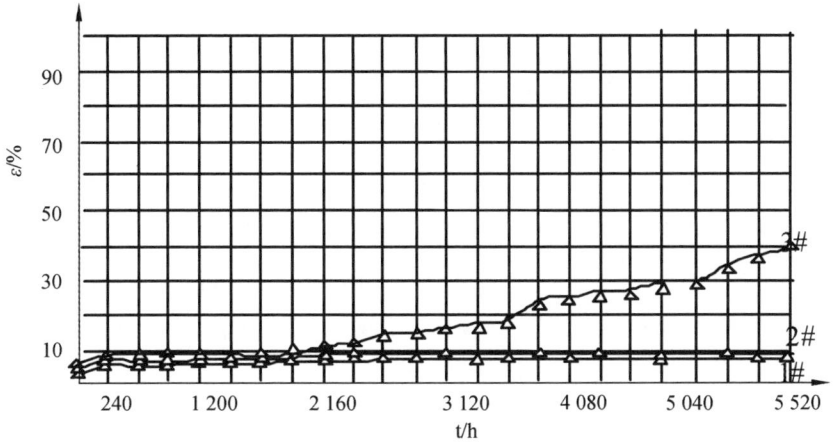

图 3.4　土工格栅蠕变曲线

3.3.4　试验结果的分析及讨论

土工合成材料加载后应变随时间变化的试验结果表明：

（1）在蠕变过程中土工网表现出应变快速波动的情形。同时通过分析试验过程中室内温度的变化发现，对 1#土工网，当温度超过 25 ℃ 时，其延伸率明显增大；当温度超过 30 ℃ 时，温度效应更加显著。2#土工网也表现出同样的蠕变温度效应。而对 3#、4#土工网试样，温度高达 40 ℃，也没有受到温度的影响。充分说明土工合成材料蠕变的温度效应不仅与温度有关,且与荷载等级有关。即当温度超过 25 ℃、荷载等级大于土工合成材料抗拉强度的 60% 时,则存在明显的温度效应,在临近破坏失效阶段时表现得尤为突出。但在温度低于 25 ℃,或荷载水平低于抗拉强度的 40% 时,温度对蠕变的效应并不明显。此外,从 3# 土工网试样的最终断裂得知 CE131 土工网的长期强度小于 40%。为进一步研究土工网的长期特性,本试验接着做了 4# 土工网试样,荷载水平为抗拉强度的 30%,历经 8 664 h 后不再发生蠕变,故认为土工网的长期强度在 30% ~ 40%。取某一温度下的平均值来计算一天的应变量,绘制土工网的温度效应曲线图 3.5。

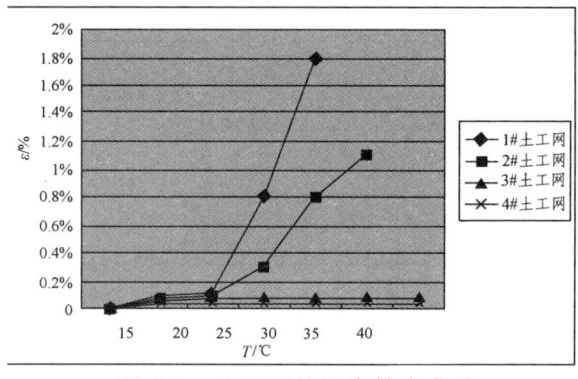

图 3.5　土工网的温度效应曲线

(2) 1#、2#、3# 土工格栅试样由于荷载不大于 40%,基本上不受温度影响。同样,取某一温度下的平均值来计算一天的应变量,以 5 天为一时段绘制土工格栅的温度效应曲线图 3.6。

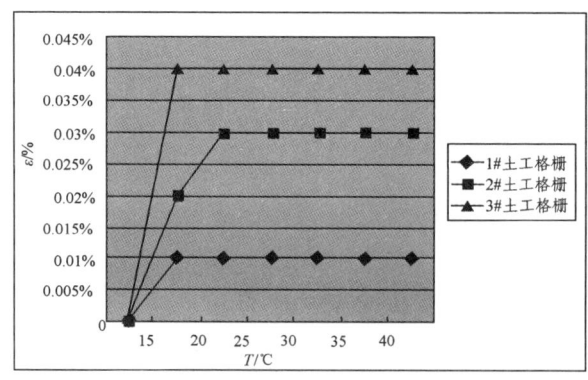

图 3.6　土工格栅的温度效应曲线

注:开始试验时即蠕变初期的蠕变量较大,对应的室外温度为 15 ℃ 左右。

在试验过程中还发现，1#土工网试样在延伸率达 37.78%时，其边缘开始出现颈缩现象，并逐渐向中间扩展，且沿土工网约 45°斜线方向发生颈缩变形，其纵向破坏速度大于水平方向。当延伸率到达 78.38%时，土工网沿斜线方向和水平方向同时快速拉断，其断裂后的断裂形式如图 3.2 所示，其余试样也存在类似现象。

三个试样断裂破坏形式是一个极不规则的倾斜破坏面。分析土工网试样的受力特点，其边缘受力单元可视为无侧向约束，颈缩百分率大，而中间单元体相当于受部分侧向约束，颈缩百分率减少。从而导致试样最先从两边缘产生颈缩变形，取试样边缘某网格为单元体进行受力分析，如图 3.7。

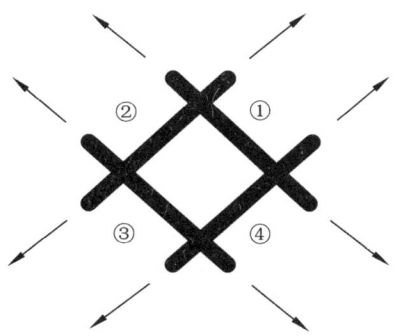

图 3.7　网格受力单元体

当①处产生颈缩变形时，一方面单元体原有的对称尺寸及受力平衡受到破坏，在拉应力的作用下，单元体为了达到新的对称平衡，将沿着其对边，即③处开始出现拉伸变形。另一方面，在①处产生颈缩破坏的同时，③处由次边缘的部分侧向约束逐渐过渡为无侧向约束，从而导致③也产生颈缩变形。正如前述的图 3.2 所示倾斜方向颈缩扩展现象。

3.3.5　蠕变模型

流变方程是由应力、应变和时间组成的，其一般函数形式写为

$$f(\sigma,\varepsilon,t)=0 \qquad (3.1)$$

式中　t——时间（a）。

对于土工合成材料蠕变模型可表示为

$$\sigma = \sigma_c (常量), \quad f(\varepsilon, t) = 0 \qquad (3.2)$$

式中　σ_c——抗拉强度（kN/m）。

将试验结果整理并绘制成图3.3、图3.4所示的蠕变曲线。由此可见，土工合成材料的破坏经历了三个阶段，即减速蠕变阶段、等速蠕变阶段和加速蠕变阶段。此外，研究表明，在大于长期强度的恒定荷载作用下，土工合成材料产生的蠕变属于破坏性蠕变，在历经了一、二两个阶段后，迅速发展成加速蠕变，从而导致土工合成材料的失效破坏。

根据图3.3和图3.4，按最小二乘法原则确定对于7个试样试验数据的拟合曲线，即满足[113]

$$\varepsilon(t) = \sum_{j=0}^{n} C_j \varphi_j(t) \qquad (3.3)$$

式中　$\varepsilon(t)$——与时间有关的蠕变率。

使得

$$\sum_{i=0}^{m}\left[\sum_{j=0}^{n} C_j \varphi_j(t_i) - \varepsilon_i\right]^2 = \min_{\{C_j\}} \sum_{i=0}^{m}\left[\sum_{j=0}^{n} C_j \varphi_j(t_i) - \varepsilon_i\right]^2 \qquad (3.4)$$

成立。

本书选择的蠕变函数为 $\varepsilon(t) = \varepsilon_0 + \varepsilon_\eta t$ 形式，令 $u(t) = \varepsilon(t)$，$\varphi_0(t) \equiv 1$，$\varphi_1(t) = t$，其中 $C_0 = \varepsilon_0$，$C_1 = \varepsilon_\eta$。则

$$\boldsymbol{A}^\mathrm{T}\boldsymbol{A} = \begin{bmatrix} \boldsymbol{\varphi}_0^\mathrm{T}\boldsymbol{\varphi}_0 & \boldsymbol{\varphi}_0^\mathrm{T}\boldsymbol{\varphi}_1 \\ \boldsymbol{\varphi}_1^\mathrm{T}\boldsymbol{\varphi}_0 & \boldsymbol{\varphi}_1^\mathrm{T}\boldsymbol{\varphi}_1 \end{bmatrix}, \quad \boldsymbol{A}^\mathrm{T}\boldsymbol{u} = \begin{bmatrix} \boldsymbol{\varphi}_0^\mathrm{T}\boldsymbol{u} \\ \boldsymbol{\varphi}_1^\mathrm{T}\boldsymbol{u} \end{bmatrix}, \quad \boldsymbol{A}^\mathrm{T}\boldsymbol{A}\boldsymbol{C}^* = \boldsymbol{A}^\mathrm{T}\boldsymbol{u} \qquad (3.5)$$

根据上述系列公式，运用计算机进行数据处理后，获得稳定阶段不同应力水平的蠕变计算模型分别为：

（1）土工网。

① 当荷载水平为70%时，

$$\varepsilon(t) = 0.060\,5\sigma_c + 0.034\,9\sigma_c t \qquad t \to 0, \quad \varepsilon(t) \to \varepsilon_0;$$

② 当荷载水平为60%时，

$$\varepsilon(t) = 0.063\,6\sigma_c + 0.031\,7\sigma_c t \qquad t \to 0, \quad \varepsilon(t) \to \varepsilon_0;$$

③ 当荷载水平为40%时，

$\varepsilon(t) = 0.068\,8\sigma_c + 0.011\sigma_c t \qquad t \to 0,\ \varepsilon(t) \to \varepsilon_0;$

④ 当荷载水平为30%时，

$\varepsilon(t) = 0.074\,7\sigma_c + 0.009\sigma_c t \qquad t \to 0,\ \varepsilon(t) \to \varepsilon_0。$

（2）土工格栅。

① 当荷载水平为40%时，

$\varepsilon(t) = 0.006\,17\sigma_c + 0.042\,1\sigma_c t \qquad t \to 0,\ \varepsilon(t) \to \varepsilon_0;$

② 当荷载水平为30%时，

$\varepsilon(t) = 0.007\,8\sigma_c + 0.021\,2\sigma_c t \qquad t \to 0,\ \varepsilon(t) \to \varepsilon_0;$

③ 当荷载水平为20%时，

$\varepsilon(t) = 0.010\,5\sigma_c + 0.020\,5\sigma_c t \qquad t \to 0,\ \varepsilon(t) \to \varepsilon_0。$

本章将给出上述蠕变计算的经验公式一般式为

$$\varepsilon(t) = \varepsilon(t) = \frac{\sigma_c}{E_r} + \frac{\sigma_c}{\eta}t \qquad t \to 0,\ \varepsilon(t) \to \varepsilon_0 \qquad (3.6)$$

式中　E_r——在不同应力水平下土工网或土工格栅的蠕变弹性模量，一般由试验确定，同时也可以按此法估算：对土工网 $E_r^{-1} = 0.079\,84 - 0.000\,27\alpha$，对土工格栅 $E_r^{-1} = 0.013\,8 - 0.003\,7\alpha$，其中 α 为应力水平（%）。

η——在不同应力水平下土工网或土工格栅的蠕变黏滞系数，一般由试验确定，同时也可以按此法估算：对土工网 $\eta^{-1} = -0.021\,136 + 0.000\,83\alpha$，对土工格栅 $\eta^{-1} = -0.017\,8 + 0.009\alpha$，其中 α 为应力水平（%）。

此外，本书第四章从三参数黏弹性模型进一步推导出了上述的 E、η 之间的关系：

$$\frac{1}{E_1}\left[\frac{d}{dt} + \frac{E_1 + E_2}{\eta}\right]\frac{-10^3 R}{e} = \left[\frac{d}{dt} + \frac{E_2}{\eta}\right]\varepsilon \qquad (3.7)$$

式中　$R,\ \varepsilon$——土工格栅单位宽度上的拉力（kN/m）及相应的应变（%）；

$E_1,\ E_2$——模型中弹簧的刚度系数，令 $E = E_1 + E_2$；

η——模型中黏壶的黏滞系数。

3.3.6 BP 神经网络在蠕变预测中的应用研究

BP 人工神经网络具有较强的非线性处理能力，运用这一方法可以很好地解决土工合成材料蠕变参数的非线性关系。

1. 基于本研究对 BP 算法的改进

BP 神经网络虽然可以以任意精度逼近任何连续函数，但它还存在局部极小问题、学习参数（步长和动量项系数）的选取还没有一定的准则等缺点。

为此，本书根据所研究问题的实际情况，选择了转换函数的改进算法。将一般的 S 型函数 $f(x)$：$f(x) = 1.0/(1.0 + e^{-x})$ 改为如下形式：

$$f(x) = 2.0/(1.0 + e^{-x}) - 1.0 \tag{3.8}$$

其输出范围为 [-1, 1]，满足负输出要求。此外，修改后的 S 型函数，其输出范围由仅为正值的单极性改为可为正、负值的双极性，从而减少收敛时间。

其一阶导数为

$$f(x) = 2.0 \times [1.0 - 1.0/(1 + e^{-x})]/(1 + e^{-x}) \tag{3.9}$$

对于连续值问题，可取

$$f(x) = \frac{1 - \exp[-(x + \theta)/\theta_t]}{1 + \exp[-(x + \theta)/\theta_t]} \tag{3.10}$$

式中　θ——初始阈值；

　　　θ_t——第 t 个隐层节点阈值，$t = 1 \sim 13$。

本次预测的网络结构为 4-13-1，如图 3.8 所示。

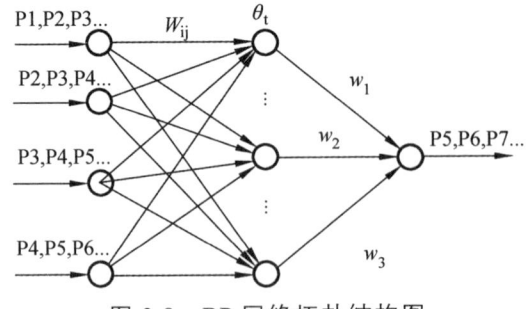

图 3.8　BP 网络拓扑结构图

2. BP 算法

由于神经网络系统是非线性的，对于学习是否达到局部最小、是否能够收敛等问题，同初始值有关。初始值一般为（-1，1）的随机数，且输入向量应规一化。将数据规一化后见表 3.5、表 3.6。

表 3.5 土工网蠕变部分实验数据

时间比	土工网的实际蠕变量/cm	蠕变量归一
1	0.331	0.000
4.594 7	1.385	0.113
11.211 5	2.813	0.268
21.112 1	3.975	0.394
34.493 2	4.417	0.441
51.514 8	4.740	0.476
72.312 8	5.912	0.603
97.005 8	6.154	0.629
125.699	6.525	0.669
158.489	6.747	0.693
195.462	6.769	0.696
236.700	6.875	0.707
282.276	7.349	0.758
386.723	7.905	0.818
445.721	7.974	0.826
509.316	8.085	0.838
577.563	8.233	0.854
650.515	8.349	0.866
728.225	8.438	0.876
810.741	8.485	0.882
898.110	8.504	0.883
990.378	8.547	0.888

续表

时间比	土工网的实际蠕变量/cm	蠕变量归一
1 087.580	8.668	0.901
1 189.780	8.687	0.903
1 297.000	8.678	0.902
1 409.290	8.741	0.909
1 526.670	8.816	0.919
1 649.200	8.884	0.924
1 776.916	8.893	0.925
1 909.830	8.898	0.926
2 048.000	8.930	0.929
2 191.446	8.981	0.935
2 340.204	9.022	0.939
2 494.307	9.152	0.953
2 653.785	9.246	0.963
2 818.668	9.299	0.969
2 988.987	9.447	0.985
3 164.770	9.580	1.000

表 3.6 土工格栅蠕变部分实验数据

时间	土工格栅实际蠕变量/cm	蠕变量归一
1.000	0.056 1	0.000 0
4.594	0.244 5	0.023 1
11.211	0.541	0.059 5
34.493	1.152	0.134
51.514	1.295	0.152
72.312	1.309	0.153
97.005	1.323	0.155
125.690	1.375	0.161

续表

时间	土工格栅实际蠕变量/cm	蠕变量归一
158.481	1.457	0.171
195.465	1.535	0.181
236.707	1.577	0.186
282.276	1.624	0.192
332.262	1.651	0.195
386.723	1.660	0.196
445.721	1.691	0.200
509.316	1.755	0.208
577.563	1.854	0.220
650.515	1.958	0.233
728.225	2.009	0.239
810.741	2.007	0.239
898.110	1.999	0.238
990.378	2.017	0.240
1 087.588	2.052	0.245
1 189.785	2.088	0.249
1 297.005	2.103	0.251
1 409.290	2.112	0.252
1 526.679	2.188	0.261
1 649.210	2.387	0.286
1 776.916	2.576	0.309
1 909.835	2.762	0.332
2 048.000	3.024	0.364
2 191.446	3.262	0.393
2 340.204	3.515	0.424

续表

时间	土工格栅实际蠕变量/cm	蠕变量归一
2 494.306	3.723	0.450
2 653.784	3.963	0.479
2 818.667	4.169	0.504
2 988.986	4.346	0.526
3 164.770	4.530	0.549
3 346.047	4.774	0.579
3 532.844	5.033	0.610
3 725.190	5.318	0.645
3 923.111	5.660	0.687
4 126.633	5.959	0.724
4 335.783	6.249	0.760
4 550.585	6.594	0.802
4 771.064	6.951	0.846
4 997.246	7.347	0.894
5 229.153	7.775	0.947
5 466.810	8.204	1.000

网络的预测关系为通过训练前四个向量来预测后一个向量，即当输入样本为 P1、P2、P3、P4 时，输出样本为 P5，依此类推。通过对比输出样本 P5 与实测数据 P5，反复修改权值，并训练样本数，达到规定的误差，如图 3.8 所示。

其训练参数：学习率 0.1，目标误差 0.000 05，训练最大循环次数 5 000，误差曲线如图 3.9、图 3.10。

对于土工网，前 32 组数据为训练样本，后 7 组数据为检验样本，第 37、38、39 组数据为预测值；对于土工格栅，前 43 组数据为训练样本，后 7 组数据为检验样本，第 48、49、50 组数据为预测值，其输出结果及其相对误差如表 3.7、表 3.8。

3.3 蠕变试验

表 3.7 BP 网络对土工网蠕变预测的误差记录

预测值	0.969 4	0.978 4	0.993 7
实际值	0.969 6	0.998 5	1.000 0
误差	0.21%	0.74%	0.63%

表 3.8 BP 网络对土工格栅蠕变预测的误差记录

预测值	0.896 1	0.947 3	0.990 9
实际值	0.894 8	0947 4	1.000 0
误差	−0.14%	0.01%	0.91%

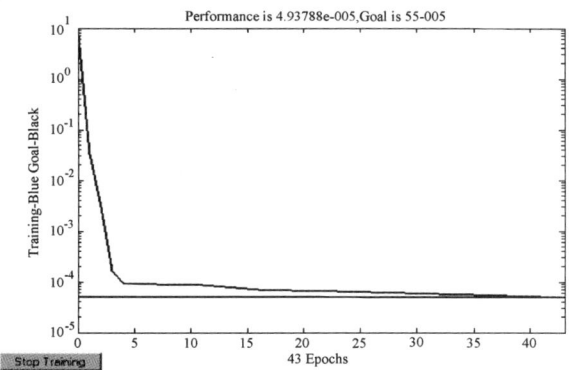

图 3.9 土工网网络训练误差曲线

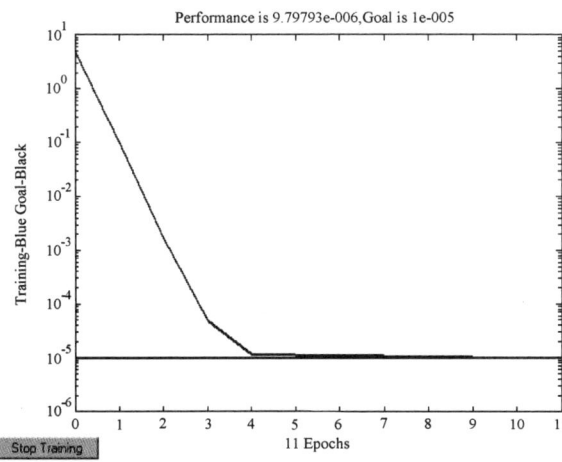

图 3.10 土工格栅网络训练误差曲线

实测值与预测结果相比，土工格栅及土工网的绝对误差均未超过1%，精确度较高，因此，BP 网络为预测土工合成材料蠕变量提供了新的依据。

3.4 预应变加筋法新的理论研究与新的设计思路

3.4.1 预应变加筋机理研究

高填路堤在外部荷载作用下，填土中的侧向土压力使地基承受水平剪应力，导致路堤发生侧向位移，造成路堤失稳[114-117]。

假设地基为各向同性均质的半无限弹性体，深度 h 的位置作用有分布宽度为 s 的水平剪应力 τ_0，如图 3.11 所示。

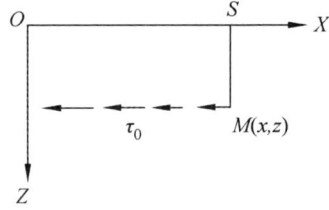

图 3.11 剪应力加载分布

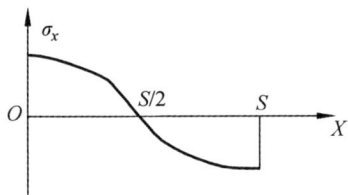

图 3.12 水平正应力变化曲线

根据弹性理论公式可得地基内任一点处的应力表达式 σ_x、σ_y、σ_z，其中水平正应力为

$$\sigma_x = -\frac{\tau_0}{8\pi(1-\mu)} \int_{-x}^{s-x} \left\{ -\frac{1-2\mu}{R_1^3} + \frac{(1-2\mu)(5-4\mu)}{R_2^3} - \frac{3\xi^2}{R_1^5} - \right.$$

$$\frac{3(3-4\mu)\xi^2}{R_2^5} - \frac{4(1-\mu)(1-2\mu)}{R_2(R_2+z+h)} \times \left[3 - \frac{\xi^2(3R_2+z+h)}{R_2^2(R_2+z+h)} \right] + \frac{6h}{R_2^5} \quad (3.11)$$

$$\left. \left[3h - (3-2\mu)(z+h) + \frac{5\xi^2 z}{R_2^2} \right] \right\} \xi d\xi$$

$$= F(\xi, z) \Big|_{-x}^{s-x}$$

其中 $R_1 = \sqrt{\xi^2 + (z-h)^2}$，$R_2 = \sqrt{\xi^2 + (z+h)^2}$。

3.4 预应变加筋法新的理论研究与新的设计思路

根据式（3.11）绘制 σ_x 分布规律曲线，如图 3.12 所示。

由 σ_x 分布规律曲线可知，在水平剪应力作用下，土体中的水平方向正应力有一半为压应力区，另一半为拉应力区。

对于双边反对称剪应力作用产生的应力为

$$\left.\begin{array}{l} \sigma_x = F(\xi,z)\big|_{-x}^{s-x} + F(\xi,z)\big|_{x}^{s+x} \\ \tau_{xz} = \Psi(\xi,z)\big|_{-x}^{s-x} + \Psi(\xi,z)\big|_{x}^{s+x} \\ \sigma_z = \Phi(\xi,z)\big|_{-x}^{s-x} + \Phi(\xi,z)\big|_{x}^{s+x} \end{array}\right\} \quad (3.12)$$

水平应力 σ_x 如图 3.13。

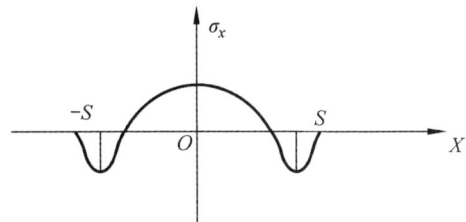

图 3.13 双边反对称水平正应力变化曲线

从图 3.12、图 3.13 可知，在靠近路基边坡一定范围内存在拉应力区，正是这种拉应力的存在造成地面开裂甚至边坡失稳。

目前有些地段的路基施工中，依据设计要求，在堤身底部铺放预张拉过的单层或多层土工网或土工格栅，形成预应力加筋土，更有效的限制路基填土的侧位移。这种预应变加筋法是近几十年来逐步发展起来的一门新的施工技术，即在加筋土体承受外荷载前，预先在加筋土体的受拉区对界面施加预压力，这种压力通常称为预应力。加筋土体在外部荷载作用下产生的拉应力，首先要抵消这种预压应力，从而推迟了上覆土体裂缝的产生，也限制了裂缝的发展，最终提高了加筋土体的稳定性。

河海大学曾进行海堤软基土工织物加筋的离心模型试验，测量到织物应变以堤轴处为最大，但未超过 5%，两侧堤趾处织物应变为零[118]。又如青岛前湾港区防波堤[119]，实测加筋土工织物的拉力以堤轴下最大，达 10 kN/m，而织物的抗拉强度达 57.1 kN/m，实际仅发挥强度的 17.5%，堤轴外织物发挥的拉力更小。

由以上两个实例说明，在工作状态下织物的抗拉强度远未发挥。

为探明施加预应变后土工织物的加筋机理和效果，徐少曼等人进行了预应变加筋静态模型试验。该试验得到了堤顶沉降 S 及堤趾侧向位移 U 随荷载 P 的曲线变化（见图 3.14、图 3.15）。

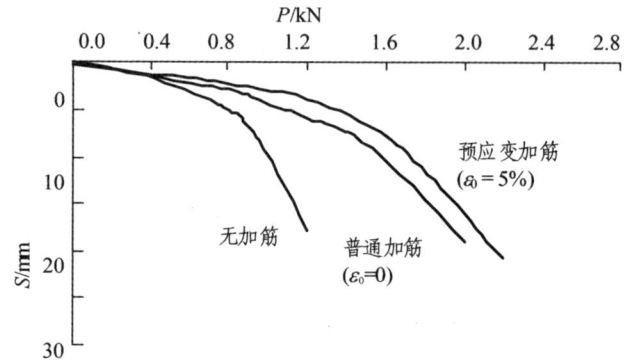

图 3.14　2.2 m 土基 P-S 试验曲线

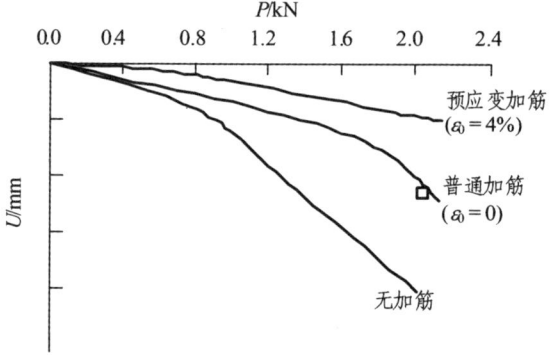

图 3.15　6.6 m 土基 P-U 试验曲线

由图 3.14 可知，无加筋情况承载力最低，普通加筋（$\varepsilon_0 = 0$）情况次之，预应变加筋（$\varepsilon_0 = 5\%$）情况最高。在同一沉降量下，预应变加筋（$\varepsilon_0 = 5\%$）比普通加筋（$\varepsilon_0 = 0$）的承载力提高了 10% ~ 15%。或在同一荷载下，预应变加筋（$\varepsilon_0 = 5\%$）比普通加筋（$\varepsilon_0 = 0$）情况的沉降量减少了 27.6%。由此可见，预应变加筋法的效果是很明显的。

由图 3.15 可知，堤趾侧向位移 U 值以无加筋情况最大，普通加筋（$\varepsilon_0 = 0$）情况次之，预应变加筋（$\varepsilon_0 = 4\%$）情况最小；在同一荷载下，预应变加筋（$\varepsilon_0 = 4\%$）情况 U 值比（$\varepsilon_0 = 0$）情况减少了 40%。

为证实预应变加筋技术的有效性，王钊等人按一般砂堤、加筋堤、预应变加筋堤三种工况进行了室内试验,预应力按抗拉强度的 5%施加。试验结果表明,砂堤和加筋堤的水平位移均指向堤坡外侧,加筋堤的水平位移较小,而预应变加筋堤的水平位移指向堤的中心线。该层垂直位移分布以预应变加筋堤较均匀。为了比较三种堤的承载力,在堤顶逐级施加均匀荷载,每级 10 kPa,当加至 60 kPa 时,上述三种堤的水平位移皆指向堤坡外侧,各层的最大水平位移均发生在过坡肩的铅垂线上。试验数据显示,砂堤、加筋堤与预拉力加筋堤的承载力分别为 30.7 kPa、59.8 kPa、132 kPa。与砂堤的承载力相比,加筋堤增加到了 1.9 倍,预应变加筋堤增加了 4.3 倍。

可见加筋堤特别是预应变加筋堤对水平位移的限制作用非常有效,并且这种限制作用随荷载的加大更趋显著。

3.4.2 预应变值的确定及其理论计算公式

1. 预应变值的确定

在工程实践中,要求筋材产生的预应变为非破坏性应变,即处于长期强度条件下的应变。在本书前面的蠕变试验结果已得出土工网和土工格栅的长期强度应力水平 α 在 30%~40%。

其施工工艺是在铺设筋材时借助拉伸设备将其预先张拉,使其达到一定的初始预应变值 $\Delta\varepsilon'$,在填土开始时,筋材已产生一定的变形而具有承受相应拉力的能力。在填土过程中,筋材将随填土增高而进一步变形,且每一时刻筋材的应变都比未张时大,从而其所发挥的拉力也更大。

为了保证筋材在张拉过程中不被拉断,预应变值应在筋材的弹性范围内选取。从全蠕变曲线图 3.3、图 3.4 的弹性区间估算可知:

(1)土工网预应变值

$$\varepsilon_0 = 6.29\% \sim 10.86\% \tag{3.13}$$

(2)土工格栅预应变值

$$\varepsilon_0 = 2.43\% \sim 5.75\% \tag{3.14}$$

徐少曼通过室内试验,曾提出筋材容许应变 $\varepsilon_c \leqslant 10\% \sim 15\%$,容许相容应变 $\varepsilon_a = 4\% \sim 6\%$,预应变初始值满足关系式:

$$\Delta\varepsilon' = \varepsilon_c - \varepsilon_a \tag{3.15}$$

根据CE131和SDL25对应的抗拉强度,将式(3.13)和(3.14)转换成估算特种筋材预拉应力值的经验公式:

土工网　　$T_0 = (6.29\% \sim 10.86\%) \times E$(kN/m) (3.16)

土工格栅　$T_0 = (2.43\% \sim 5.75\%) \times E$(kN/m) (3.17)

式中　E——筋材的弹性模量(kN/m)。

2. 预应变值的理论计算公式

在施工期及通车后各种荷载对加筋土中筋材所引起的总变形,不仅与初始应变有关,还与路堤填土高度引起的土体初始沉降及其各压缩层的正常沉降有关,同时还要考虑筋材在长期荷载作用下产生的蠕变,如图3.16中的粗虚线,即:

$$\varepsilon_i = \Delta\varepsilon_i' + \Delta\varepsilon_{ci} + \Delta\varepsilon_{ri}' \tag{3.18}$$

式中　ε_i——置于路堤中第 i 层筋材处于极限抗拉强度下所产生的最大应变(%);

$\Delta\varepsilon_i'$——置于路堤中第 i 层筋材的初始预应变值(%);

$\Delta\varepsilon_{ci}$——置于路堤中第 i 层筋材,由于受到第 i 层填土[填筑完工时间 t_i($i = 1 \cdots n$)]填筑后至某一时刻 T($T > t_i$)所产生的压缩变形,最终导致第 i 层筋材产生的附加应变(%);

$\Delta\varepsilon_{ri}'$——第 i 层筋材在长期荷载作用下产生的蠕变(%)。

假设第 i 层填土顶部宽为 B_i,填筑完工时间为 t_i($i = 1 \cdots n$),填筑后至某一时刻 T($T > t_i$)所产生的压缩变形量为 S_{ci},此时,置于路堤中第 i 层筋材的长度由 B_i 延伸为 L_i(如图3.16)。

由于上述 S_{ci} 的值比 B_i 的值要小得多,为简化计算,用弦长代替弧长,按直角三角形取值得到

$$L_i = 2\sqrt{\left(\frac{B_i}{2}\right)^2 + S_{ci}^2} = \sqrt{B_i^2 + 4S_{ci}^2}$$

3.4 预应变加筋法新的理论研究与新的设计思路

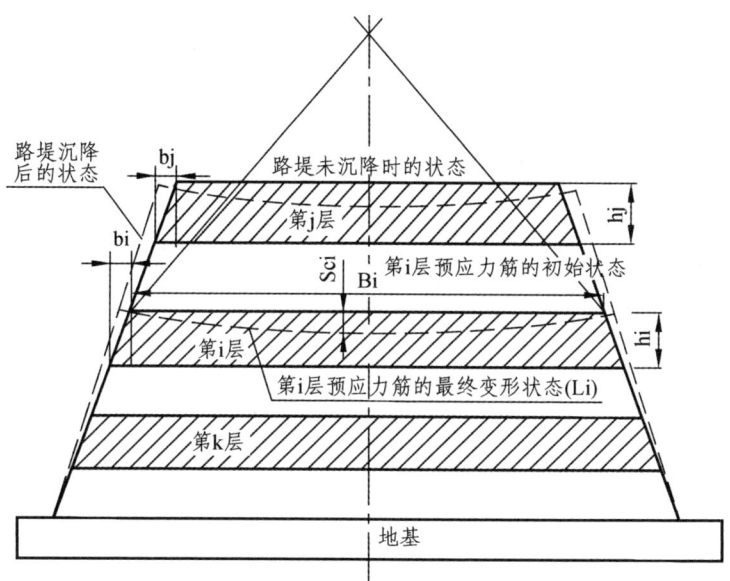

图 3.16　加筋路堤沉降变形

则第 i 层筋材的变形量

$$\Delta L_i = L_i - B_i = \sqrt{B_i^2 + 4S_{ci}^2} - B_i$$

故

$$\Delta \varepsilon_{ci} = \frac{\Delta L_i}{B_i} = \sqrt{1 + \left(2\frac{S_{ci}}{B_i}\right)^2} - 1 \approx \frac{1}{2} \times \left(\frac{2S_{ci}}{B_i}\right)^2 = 2\left(\frac{S_{ci}}{B_i}\right)^2 \qquad (3.19)$$

（1）求解 S_{ci}。

目前，许多关于高路堤自身压缩变形所采取的分层总和计算法，一般没有考虑施工时间和排水固结情况。然而，在实际施工中，路堤总是分层填筑完成的，在施工期内必然发生部分固结沉降。同时，各土层填筑完成后，除受到上面土层的荷载而引起变形外，下面土层的固结变形也会导致该土层下沉。因此，要深入研究各填土层在路堤中实际发生的沉降量，就必须考虑填土自身的排水固结问题。

对第 i 层填土，假设填筑完工时间为 t_i（$i=1,2\cdots n$），并令填筑后至某一时刻 T（$T>t_i$）所产生的压缩变形量为

$$S_{ci} = S_{T(i)} + S_{LT(i)} \quad (3.20)$$

式中 $S_{T(i)}$——第 i 层土自身荷重及其上填土荷重引起该层压缩量在 T 时刻完成的部分；

$S_{LT(i)}$——第 i 层土下面的土层从 t_i 到 T 时刻所发生的固结沉降值。

① 对于 $S_{T(i)}$，有

$$S_{T(i)} = \sum_{j=i}^{n} S_{(i,j)} \cdot U_{T(i,j)} \quad (3.21)$$

式中 $S_{(i,j)}$——第 j 层填土引起的第 i 层填土的自身压缩量，其中 $S_{(i,i)}$ 为第 i 层填土自重所引起的压缩量。

$U_{T(i,j)}$——自身压缩量 $S_{(i,j)}$ 在 T 时刻的固结度，此时，固结时间为 $\Delta t_i = T - t_j$，按太沙基一维固结理论近似计算，即

$$U_{T(i,j)} = 1 - \frac{8}{\pi^2}\left[e^{-\frac{\pi^2 T_{v(i,j)}}{4}} + \frac{1}{9}e^{-\frac{9\pi^2}{4}T_{v(i,j)}}\right] \quad (3.22)$$

式中 $T_{v(i,j)}$——时间因素，$T_{v(i,j)} = \dfrac{C_v \Delta t_i}{h_i^2}$，其中，$C_v$ 是固结系数，h_i 是各层的排水距离，在单面排水条件下为土层厚度，双面排水条件下为土层厚度的一半。

在只考虑路堤中心线上的沉降情况时，每增加一层填土，其下各土层中的附加应力增量可简化为

$$\begin{aligned}\Delta \sigma_{ij} &= r \times \frac{h_j}{\pi} \times \frac{2\left(\dfrac{B_j}{2}+b_j\right)}{b_j} \times \operatorname{arctg}\frac{\dfrac{B_j}{2}+b_j}{y_{ij}} - \frac{B_j}{b_j} \times \operatorname{arctg}\frac{B_j}{2y_{ij}} \\ &= r \times \frac{h_j}{\pi} \times \frac{B_j + 2b_j}{b_j} \times \operatorname{arctg}\frac{B_j + 2b_j}{2y_{ij}} - \frac{B_j}{b_j} \times \operatorname{arctg}\frac{B_j}{2y_{ij}}\end{aligned} \quad (3.23)$$

式中 $\Delta\sigma_{ij}$——第 j 层填土施加后在第 i 层填土中所增加的附加应力；

r——土的重度；

h_j——第 j 层填土的高度；

b_j——第 j 层填土边坡水平投影长度，且 $b_j = h_j \times \cot\alpha_j$（$\alpha_j$ 为第 j 层的边坡角）；

B_j——第 j 层填土顶部宽度，且 $B_j = B_0 - 2\sum_{i=1}^{j} h_i \times \cot\alpha_i$（$B_0$ 为路基底宽）；

y_{ij}——第 j 层填土中心线到第 i 层填土中心线之间的距离。

则式（3.21）中 $S_{(i,j)}$ 可写为

$$S_{(i,j)} = \frac{\Delta\sigma_{ij}}{E_{si}h_i} \tag{3.24}$$

式中 E_{si}——和总应力水平 $\sigma_i + \Delta\sigma_{ij}$ 及自重应力水平 σ_i 相对应的压缩模量；

h_i——第 i 层填土的高度。

② 对于 $S_{LT(i)}$，有

$$S_{LT(i)} = S_{LT(i)1} - S_{LT(i)2} \tag{3.25}$$

式中 $S_{LT(i)1}$——为第 i 层填土下面的土层 [1～($i-1$) 层] 从填筑之时到 T 时产生的固结沉降。

$S_{LT(i)1}$ 由式（3.26）计算：

$$S_{LT(i)1} = \sum_{k=1}^{i}\sum_{j=i}^{n} S_{(k,j)} \times U_{T(k,j)} \tag{3.26}$$

其中 $S_{(k,j)}$——第 k 层土（$k<i$）由于第 j 层填土（$j \geq i > k$）而引起的自身压缩量；

$U_{T(k,j)}$——自身压缩量 $S_{(k,j)}$ 在 $t_j \sim T$ 时段内所完成的固结度，其固结时间为 $\Delta T = T - t_j$；

$S_{LT(i)2}$——为第 i 层填土下面的土层 [1～($i-1$)] 层，从填筑之时到第 i 层填筑完毕时产生的固结沉降。

$S_{LT(i)2}$ 由式（3.27）计算：

$$S_{LT(i)2} = \sum_{k=1}^{i}\sum_{j=i}^{n} S_{(k,j)} \times U_{T(k,j,i)} \quad (3.27)$$

其中 $U_{T(k,j,i)}$——自身压缩量 $S_{(k,j)}$ 在 $t_i \sim t_j$ 时段内所完成的固结度,其固结时间为 $\Delta T = t_j - t_i$。

固结过程中,各层填料自身压缩沉降关系见图 3.17。

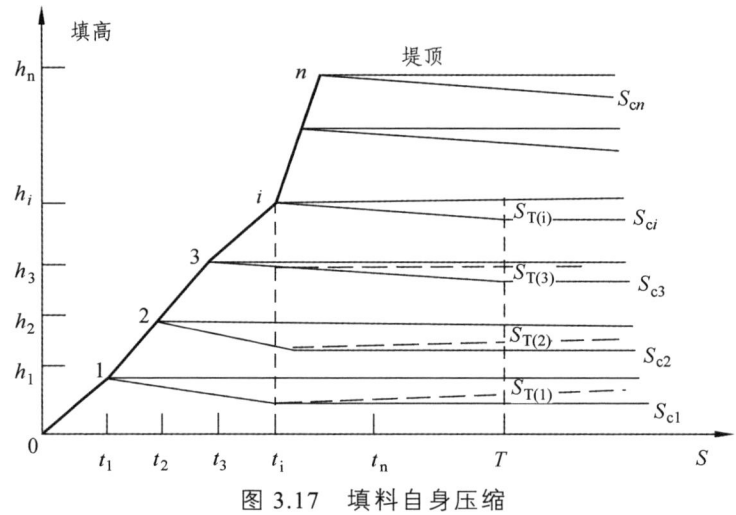

图 3.17 填料自身压缩

(2)编程计算 S_{ci}。

武吉高速公路碎石土填料的物理力学参数如表 3.9。

表 3.9 碎石土填料物理力学参数

干密度/(g/cm³)	含水率	重度/(kN/m³)	黏聚力/kPa	内摩擦角/(°)	弹性模量/kPa	固结系数/(cm²/a)
1.955	7.66%	21.05	18	22	2×10^5	1.5×10^5

为了便于计算对比,令 $h_i = h_j = h_k = 1.0$ m,路基底宽 $B_0 = 48$ m,坡比 = 1∶1.5,按 1 个月填筑一层,共 10 层,则 $T = 10/12$(a),$t_i = i/12$(a),$t_j = j/12$(a),$t_k = k/12$(a)。

在 Visual Basic 6.0 环境下编程,得到如图 3.18 的输入数据界面和计算结果图,并将计算结果绘制成各层位(i)与其沉降量(S_{ci})之间的关系曲线,如图 3.19 所示。

3.4 预应变加筋法新的理论研究与新的设计思路

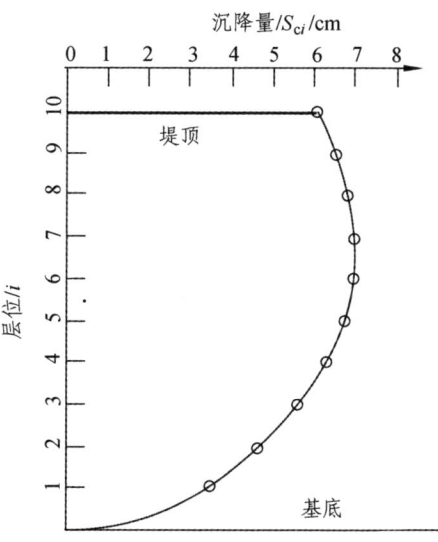

图 3.18 计算程序运行结果

图 3.19 各层位（i）与其沉降量（S_{ci}）之间的关系曲线

源程序如下：

```
Private Sub Command1_Click()
    Const Pi = 3.14159
        Dim n As Integer              'n 表示层数
        Dim r As Single               'r 表示土的重度
        Dim h As Single               'h 表示各层填土高度，此处各层相
                                       等，均为 1 m
        Dim w As Single               'w 表示土的重度
        Dim i As Integer              'i 表示循环变量
        Dim j As Integer              'j 表示循环变量
        Dim k As Integer              'k 表示循环变量
        Dim S(10，10) As Single       '各层自身压缩量
        Dim Ut(10，10) As Single      '自身压缩量在各时间段内的固结度
        Dim Utk(10，10) As Single
        Dim Utkj(10，10) As Single
        Dim Tv(10，10) As Single      '时间因素
        Dim Tvv(10，10) As Single     '
        Dim Cv As Single              '固结系数
        Dim St(10) As Single          '各层土自身荷重及其上填土荷重引
                                       起该层压缩量在 T 时刻完成的部分
        Dim Ss(10) As Single          '
        Dim Slt1(10) As Single        '
        Dim Slt2(10) As Single        '
        Dim Slt(10) As Single         '各层土下面的土层从 $t_i$ 到 T 时刻所发
                                       生的固结沉降值
        Dim Sc(10) As Single          '各层土的压缩变形量
        Dim drt(10) As Single
        Dim b(10) As Single
        Dim c As Single
        n = CInt(Tn.Text)             '获取各输入数据
        r = CSng(Tr.Text)
        h = CSng(Th.Text)
```

```
        b(1) = CSng(Tb.Text)
        Cv = CSng(Tcv.Text)
        Print "   计算结果如下："
     For i = 1 To n                    '计算各参数
            St(i) = 0
            Slt1(i) = 0
            Slt2(i) = 0
            b(i) = 40 -2 * i / 1.5
            c = h * 1.5
            drt(i) = r * h * (b(i) + 2 * c) / Pi * Atn((b(i) + 2 * c) / (2 * h)) -b(i) / c * Atn(b(i) / (2 * h))
            Ss(i) = drt(i) / (200000 * h)
            For j = i To n
                Tv(i，j) = Cv * (10 / 12 -j / 12) / (h * h)
                Ut(i，j) = 1 -8 * (Exp(-Pi * Pi * Tv(i，j) / 4) + Exp(-9 * Pi * Pi * Tv(i，j) / 4) / 9) / (Pi * Pi)
                St(i) = St(i) + Ss(i) * Ut(i，j)
            Next j
            For k = 1 To i
                Tv(i，k) = Cv * (10 / 12 -k / 12) / (h * h)
                For j = k + 1 To n
                Utk(k，j) = 1 -8 * (Exp(-Pi * Pi * Tv(i，k) / 4) + Exp(-9 * Pi * Pi * Tv(i，k) / 4) / 9) / (Pi * Pi)
                Slt1(i) = Slt1(i) + Ss(i) * Utk(k，j)
                Next j
            Next k
            For k = 1 To i
                For j = i To n -1
                Tvv(i，j) = Cv * (j / 12 -i / 12) / (h * h)
                Utkj(i，j) = 1 -8 * (Exp(-Pi * Pi * Tvv(i，j) / 4) + Exp(-9 * Pi * Pi * Tvv(i，j) / 4) / 9) / (Pi * Pi)
                Next j
```

```
   Slt2(i) = Slt2(i) + Ss(i) * Utkj(i, j)
  Next k
Slt(i) = Slt1(i) -Slt2(i)
Sc(i) = St(i) + Slt(i)
Print " 第" & i & "层的压缩变形量为"; Sc(i)    '输出计算结果
Print
 Next i
End Sub
```

（3）讨论筋材的初始预拉应力大小。

式（3.18）中的 $\Delta\varepsilon_{ci}$ 可根据式（3.19）取值；ε_i 为置于路堤中第 i 层筋材处于极限抗拉强度 T_c 下所产生的最大应变，即 $\varepsilon_i = T_c/E$（%）；式（3.18）中的 $\Delta\varepsilon'_{ri}$，其大小按式（3.6）计算取值。

由此，式（3.18）进一步推导得到筋材的初始预拉应力理论值为

$$T_0 = T_c - E \times \Delta\varepsilon_{ci} - E_r \times \Delta\varepsilon'_{ri} \tag{3.28}$$

式中　T_c——筋材的极限抗拉强度（kN/m）；

　　　E——筋材的弹性模量（kN/m）；

　　　E_r——筋材的蠕变模量，与荷载水平有关（kN/m）。

由此可见，按式（3.28）便可计算出筋材的拉应力初始值。其目的是保证对筋材进行张拉时使初始变形适度，以免因路堤的沉降变形所引起的筋材附加变形过大，最终导致筋材的总变形超过其容许应变而断裂失效。

为了求解方便，还可以采用另一种方法求筋材预应变的初始值 $\Delta\varepsilon'$，即

$$\Delta\varepsilon' = \varepsilon_1 - \varepsilon(z) \tag{3.29}$$

式中　$\varepsilon(z)$ 的值参照文献[120]得出：

$$\varepsilon(z) = \frac{\Delta H(z) \times z \times (0.9 + H \times z)}{240.74 \times k^2 \sigma_\eta} \tag{3.30}$$

其中　$\Delta H(z)$——土工加筋材料层间距（m），通常取 1.1～1.5；

　　　z——计算层距正常路堤底部的深度；

　　　σ_η——为筋材的抗拉强度（kN/m）；

　　　k——筋材的强度储备系数。

k 可按式（3.31）计算[121]：

$$k = \frac{1}{F_{iD}F_{cR}F_{cD}F_{bD}} \quad (3.31)$$

其中　F_{iD}——铺设时机械破坏影响系数，通常取 1.1~2.0；

　　　F_{cR}——材料蠕变影响系数，通常取 1.5~2.2；

　　　F_{cD}——化学剂破坏影响系数，通常取 1.0~1.5；

　　　F_{bD}——生物破坏影响系数，通常取 1.0~1.2。

也就是说，按公式（3.29）也可计算出筋材的预应变初始值。

3.4.3　预应变加筋法设计新思路及施工新工艺

在试验路段或施工现场，经常会产生一种现象，即预应变加筋材料反包放张后，在路堤顶部中央附近的土体会不同程度往上隆起，并伴随着微裂纹产生。究其原因，在于土体内预应力筋的回弹变形导致了其上土体收缩的不一致。从理论上讲，靠近预应力筋的底部土体收缩明显比路堤顶部土体收缩大，从而导致同一层土产生隆起现象。这种隆起现象如同结构工程中预应力混凝土梁放张后的上拱现象。

在结构工程预应力先张法中，为克服放张后梁体出现的往上拱起，采取的具体措施是事先将张拉台座底模往下反拱某一个值，用来抵消放张后引起的上拱度。这种处理技术在结构工程中称为"反拱度"。

本书将结构工程的"反拱度"引入高填路堤预应变加筋技术中来，施工时事先将分层填筑的每一层压成中间比两边稍低，预应力筋张拉后固定，然后在其上填土压实，迫使预应力筋中部向下产生挠曲，即向下设置反拱度，用来抵消放张后因土体收缩不一致产生的向上隆起。

（1）由于预应力筋在填土过程中因土体的压缩而继续发生变形，因此，同预应力混凝土张拉相比，控制指标的含义有所不同。对于预应力筋材的张拉，采用初始张拉力（p）和初始伸长量（Δl）两个指标"双控制"，经推算两者的关系式为：

$$\Delta l = pL/(E_g \times A_g) \quad (3.32)$$

式中　p——初始张拉力（N）；

　　　E_g——筋材弹性模量（MPa）；

A_g——筋材截面面积（mm^2）；
L——筋材的下料长度（m）；
Δl——筋材的初始伸长量（m）。

① 对于全填方路堤，$L = L_1 + 2L_2$，L_1 为每一分层路基宽度，L_2 为筋材反包固定端长度，通常大于 1.5 m；

② 对于半填半挖路基，$L = L_1 + L_2 + L_3$，L_1、L_2 同上，L_3 为保证每一层筋材延伸出滑动弧线以外的长度，即

$$L_3 = \frac{T_a F_s}{2\sigma_0 \tan \phi_{sg}} \tag{3.33}$$

式中　T_a——筋材的容许抗拉强度；
　　　F_s——要求的安全系数；
　　　σ_0——作用在某层筋材上的覆盖压力；
　　　ϕ_{sg}——土与筋材间的摩擦角，由拉拔试验测得。

（2）对于反拱度大小，与分层厚度、加筋材料的特性、加筋土体的压实程度等有关。也就是说，分层厚度越大、筋材的弹性模量越高、压实程度越好，则反拱度取小值，反之，则取大值。须结合现场试验路段按下列公式计算：

$$\delta = K_0 \alpha \Delta l = K_0 \alpha \Delta \varepsilon' L = K_0 \alpha L (\varepsilon_i - \Delta \varepsilon_{ci} - \Delta \varepsilon'_{ri}) \tag{3.34}$$

式中　δ——反拱度（cm）；
　　　K_0——加筋材料影响系数，建议土工网取 $K_0 = 0.9 \sim 1.0$，土工格栅取 $K_0 = 0.8 \sim 0.9$；
　　　α——分层压实度影响系数，建议取 $0.9 \sim 0.95$。

根据施工经验，当分层填土厚度在 2 m 以上时，可以不设反拱度。

（3）张拉过程中采取分级加载，首先加载 10% 的拉力，使筋材的每一个结点都同时受力，接着拉力逐渐加大并超张 1.05 倍，持荷 5 min 后回到所需的最大拉力并锚固，即张拉程序为：0→0.1P→1.05P→P。

（4）对强度和弹性模量相对较大的预应力特种筋材的预张拉，施工时采用土钉或木桩锚固，借助张拉机或手动葫芦法进行张拉，拉紧后再用土钉或木桩深固（见图 3.20）。对于先张法，待上层覆盖土压实后便可撤去土钉或木桩半反包到次层的底部，最终形成预应变加筋土。

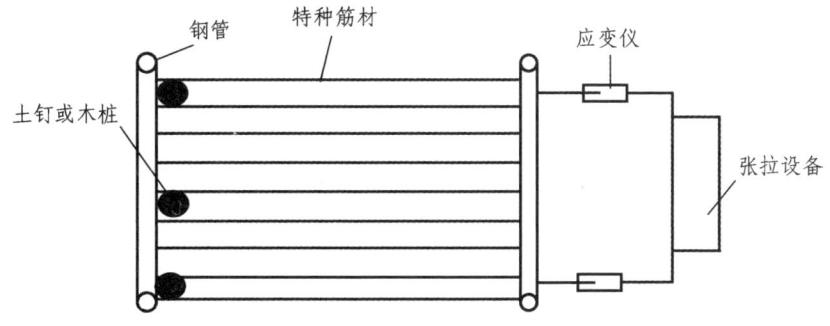

图 3.20 预应变特种筋材张拉法作业

3.5 预应变加筋法应用实例

笔者曾于 2004 年参与了江苏锡太一级公路软基处理技术的研究,全线多处铺设土工布、土工网和土工格栅。在研究过程中,根据现场特点选取了 2 个试验路段,一段按常规铺设土工网,另一段则铺设预应变值 $\varepsilon_1 = 9\%$ 的土工网,埋设沉降板,观测并记录了半年的沉降量,如表 3.10 所示。

表 3.10 沉降量对比统计表

里程桩号	日期 /(年/月/日)	累计填土高 /m	累计沉降量 /mm	累计时间 /d
K27+562 中桩 A3 常 规铺设土 工网	2004/1/12	0.28	—	—
	2004/2/61	1.35	50.81	25
	2004/2/14	1.57	61.83	33
	2004/2/21	1.57	71.41	40
	2004/2/28	1.57	75.93	47
	2004/3/51	1.57	80.11	54
	2004/3/12	1.57	93.51	60
	2004/3/19	1.57	100.45	67
	2004/3/27	1.57	100.51	75
	2004/4/11	1.74	102.51	81
	2004/4/91	1.74	103.01	89

续表

里程桩号	日期/（年/月/日）	累计填土高/m	累计沉降量/mm	累计时间/d
K27+562 中桩A3常规铺设土工网	2004/4/17	1.74	104.23	96
	2004/4/25	1.74	106.49	104
	2004/5/51	1.74	107.99	114
	2004/5/17	1.74	113.75	126
	2004/5/22	1.74	115.93	131
	2004/6/23	2.24	122.97	163
K28+774 B2铺设预张拉土工网	2004/1/13	0.38	—	—
	2004/2/61	1.23	45.99	25
	2004/2/14	1.41	56.79	33
	2004/2/21	1.41	61.29	40
	2004/2/28	1.41	65.35	47
	2004/3/51	1.41	69.23	54
	2004/3/12	1.41	73.65	60
	2004/3/19	1.41	76.97	67
	2004/3/27	1.41	77.45	75
	2004/4/11	1.59	79.05	81
	2004/4/91	1.59	79.09	89
	2004/4/17	1.59	80.39	96
	2004/4/25	1.59	81.69	104
	2004/5/41	1.59	82.82	114
	2004/5/17	1.59	85.92	126
	2004/6/23	1.92	91.03	163

经计算、对比和分析，预应变加筋土路基的沉降量比常规铺设土工网路基的沉降量减少 29.39%～34.71%。由此可见，预变加筋法的加筋效果是非常明显的。

3.6 运用强度折减有限元分析预应变加筋效果

3.6.1 计算原理

建立在强度缩小有限元基础上的强度折减有限元法,是将边坡强度参数黏聚力 c' 和内摩擦角 φ' 同时除以一个折减系数 F_s,得到一组新的 c' 和 φ',然后作一组新的参数输入,再进行试算。当计算不收敛时,对应的 F_s 即为所求的折减系数(安全系数),同时获得临界滑移面。折减系数(安全系数)即为沿滑动的抗剪强度与滑动面上实际剪力的比值,用公式表示为

$$F_s = \frac{\int_0^l (c + \sigma \tan \varphi) \mathrm{d}l}{\int_0^l \tau \mathrm{d}l} \tag{3.35}$$

将式(3.35)同除以 F_s,则

$$1 = \frac{\int_0^l \left(\frac{c}{F_s} + \sigma \frac{\tan \varphi}{F_s} \right) \mathrm{d}l}{\int_0^l \tau \mathrm{d}l} = \frac{\int_0^l (c' + \sigma \tan \varphi') \mathrm{d}l}{\int_0^l \tau \mathrm{d}l} \tag{3.36}$$

式中 $c' = c/F_s$, $\tan \varphi' = \tan \varphi / F_s$。

计算时,输入土体抗剪强度指标(内摩擦角 φ' 和黏聚力 c'),分步施加重力荷载进行计算。然后逐步降低土的强度参数(数量级一般为 10^{-3})直至加筋边坡出现滑移破坏,此时的土体强度参数(φ' 和 c')即为满足平衡所需的抗剪强度。

3.6.2 本构模型及结果分析

1. 本构模型的建立

本章选用弹塑性模型作为研究土体变形的本构模型。对于土工合成材料而言,在一般情况下其应力应变处在弹性范围内,因此研究过程中把筋材视为线弹性体,只考虑抗拉强度,而不考虑抗压和抗弯特性。因此,用一维杆单元来模拟筋材。筋材单元简化为一种薄膜单元,单元刚度矩阵通过增量形式。

$$\begin{Bmatrix} \Delta F_x^1 \\ \Delta F_y^1 \\ \Delta F_x^2 \\ \Delta F_y^2 \end{Bmatrix} = E/L \begin{bmatrix} c^2 & sc & -c^2 & -sc \\ sc & s^2 & sc & -s^2 \\ -c^2 & sc & c^2 & sc \\ -sc & -s^2 & sc & s^2 \end{bmatrix} \begin{Bmatrix} \Delta u_1 \\ \Delta v_1 \\ \Delta u_2 \\ \Delta v_2 \end{Bmatrix} \tag{3.37}$$

式中　　E——筋材的拉伸模量（kN/m）；
　　　　S——$\sin \alpha$，α 为单元与 x 轴的夹角；
　　　　C——$\cos \alpha$。

对于加筋土体界面模型，本书则采用两结点接触单元。单元由两片沿法向和切向的弹簧组成，其劲度系数分别为 K_n 和 K_s，由直剪试验确定。如发生结点位移，就存在结点力。当接触面拉开时，若出现法向应力，则取 K_s 和 K_n 为很小值，结点力用矩阵表示为

$$\begin{Bmatrix} F_{xi} \\ F_{yi} \\ F_{xj} \\ F_{yj} \end{Bmatrix} = \begin{bmatrix} K_s & 0 & -K_s & 0 \\ 0 & K_n & 0 & -K_n \\ -K_s & 0 & K_s & 0 \\ 0 & -K_n & 0 & K_n \end{bmatrix} \begin{Bmatrix} u_i \\ v_i \\ u_j \\ v_j \end{Bmatrix} \quad (3.38)$$

2. 不同预应变值指标下的加筋效果数值分析

本章结合江西省武吉高速的实际情况，以坡高 $H = 28$ m，坡比 1∶1.5 为例进行数值模拟计算。计算参数假定为：土体容重 $\gamma = 21$ kN/m³，内摩擦角 $\phi = 18°$，黏聚力 $c = 22$ kPa，泊松比 $\upsilon = 0.3$，$K_n = 1 \times 10^8$ kN/m³，$K_s = 1 \times 10^7$ kN/m³，加筋层数为 10，运用强度折减有限元进行计算，其数值分析结果如图 3.21、图 3.22。

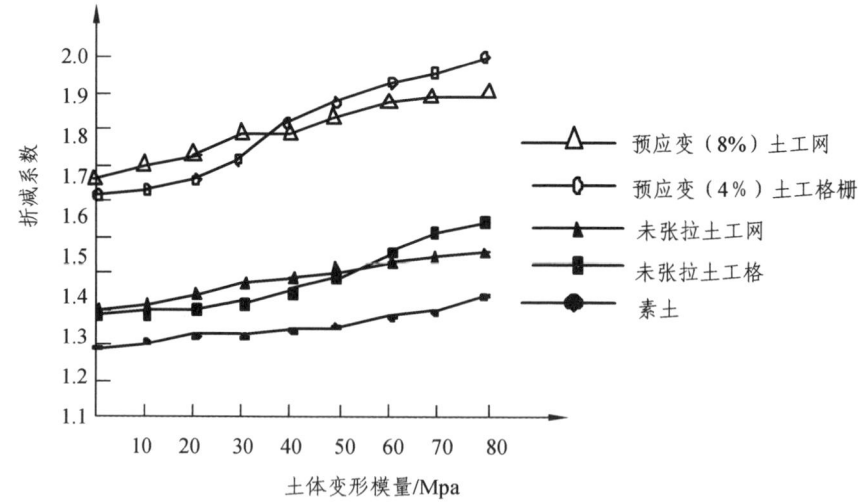

图 3.21　土体变形模量与折减系数的关系

3.6 运用强度折减有限元分析预应变加筋效果

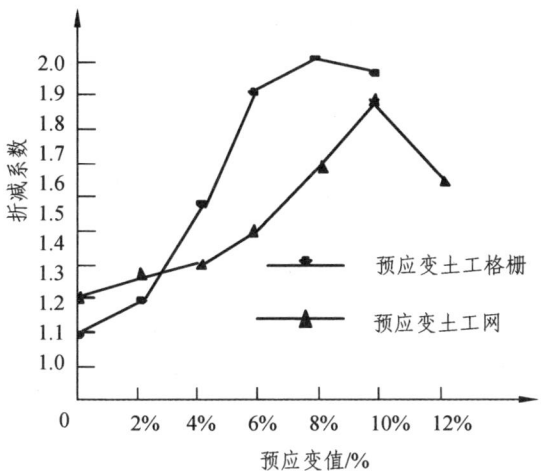

图 3.22 预应变值与折减系数的关系

由图 3.21 并结合公式（3.38）可知，在土工网预应变值为 8%、土工格栅预应变值为 4%条件下，土体变形模量与土工合成材料拉伸模量呈现出较好的协调性。借助图 3.21 进一步考察在不同的预应变值条件下预应变加筋法的最佳加筋效应，从图 3.21 可以看出，预应变加筋法的加筋效果很明显。当土体变形模量为 50 MPa 时，对于土工网，从素土、一般的加筋土到预应变加筋土，其折减系数（安全系数）由 1.22、1.36 提高到 1.77；同样，对于土工格栅，从素土、一般的加筋土到预应变加筋土，其折减系数由 1.22、1.34 提高到 1.86。此外，从图 3.21 还进一步可以看出，当土体变形模量较低时，土工网的加筋效果比土工格栅要明显。相反，当土体变形模量较高时，土工格栅的加筋效果又要比土工网明显。其原因是土工网的拉伸模量比土工格栅的低许多，明显存在土体变形模量与筋材拉伸模量的协调性和一致性。可见，对于加筋边坡，其稳定性不但随筋材拉伸模量的不同而变化，而且与素土边坡相比，对土体变形模量的变化也相对敏感。由于土与筋材的相对模量以及筋材与土间的力的传递对加筋土体的影响，筋材拉伸模量和土体变形模量匹配不同，加筋体的强度特性以及应力应变状态不同，稳定效果也是不一样的。因此，在加筋边坡稳定分析中，考虑土体变形模量的影响更合理。通过计算综合考虑土体变形模量、筋材拉伸模量以及两者不同匹配的影响，并根据边坡土体的变形模量选择适当拉伸模量的筋材，加筋的稳定效果更好。

从图 3.22 可以看出,预应变存在一个最佳值。对于土工网,其最佳值为 8.5% ~ 10%,与本书的蠕变试验结果基本相符;而土工格栅最佳值则为 6% ~ 7.5%,与试验结果有一定的出入,这同试验过程中温度、湿度、紫外线及有限元计算模型的参数选取等因素有关。此外,从图 3.22 还发现当预应变值增大到一定程度后,两种筋材折减系数均表现为下降的趋势,说明筋材开始产生损伤效应,这在今后的施工中应引起足够的重视,避免筋材的人为破坏。

3.7 本章小结

(1)土工合成材料蠕变的发生、发展总是首先在某一弱面或应力最集中处发生,然后从近似 45°的方向形成一条快速拉伸变形的蠕变断裂带,断裂形式表现为颈缩拉断。

(2)通过 2 ~ 3 年的室内蠕变试验,弥补了国内长期蠕变预测精度的不足,充分揭示了温度效应的相对性。土工合成材料蠕变的温度效应主要受荷载等级及温度的影响,对 CE131 土工网而言,当荷载水平为抗拉强度的 60%以上,温度超过 25 ℃ 后,才存在明显的温度效应。反之,当荷载水平小于抗拉强度的 40%,或温度小于 25 ℃,则土工网的蠕变不受温度的影响。而对于土工格栅,当荷载水平小于抗拉强度的 40%时,几乎不受温度影响,也就是说土工格栅的温度性能比土工网强。

(3)加筋土体内的温度一般低于 25 ℃,所以在工程中不考虑温度对土工合成材料蠕变特性的影响。

(4)土工合成材料的蠕变断裂强度远小于土工材料的短期抗拉强度。在本试验条件中,土工合成材料的蠕变断裂强度为短期强度的 30% ~ 40%。

(5)土工材料蠕变量计算公式为 $\varepsilon(t) = \frac{\sigma_c}{E_r} + \frac{\sigma_c}{\eta} t$,其中对土工网 $E_r^1 = 0.07984 - 0.00027\alpha$,$\eta^{-1} = -0.021136 + 0.00083\alpha$,土工格栅 $E_r^{-1} = 0.0138 - 0.0037\alpha$,$\eta^{-1} = -0.0178 + 0.009\alpha$,其形式与 Maxwell 模型相似。

(6)利用 BP 网络预测土工合成材料蠕变量,为土工合成材料蠕变特性研究提供了新的途径。

（7）在施工期及通车后各种荷载对加筋土中筋材所引起的总变形，不仅与初始应变有关，还与路堤填土高度引起的土体初始沉降及其各压缩层的正常沉降有关，同时还要考虑筋材在长期荷载作用下产生的蠕变，即 $\varepsilon_i = \Delta\varepsilon_i' + \Delta\varepsilon_{ci} + \Delta\varepsilon_{ri}'$。

（8）将结构施工中的"反拱度"首次引入预应变加筋路基施工中，丰富其理论依据，提出了新的施工要求，从而修正施工规范，科学的指导预应变加筋法新技术。反拱度大小建议采用公式 $\delta = K_0 \alpha L (\varepsilon_i - \Delta\varepsilon_{ci} - \Delta\varepsilon_{ri}')$ 进行设置。

（9）通过试验得出土工网预应变值 $\varepsilon_1 = 6.29\% \sim 10.86\%$，土工格栅预应变值 $\varepsilon_1 = 2.43\% \sim 5.75\%$，根据 CE131 和 SDL25 对应的抗拉强度，将特种筋材预应变值转换成预拉应力值的经验公式：

土工网　　　$T_1 = (6.29\% \sim 10.86\%) \times E$

土工格栅　　$T_1 = (2.43\% \sim 5.75\%) \times E$

（10）通过数值分析进一步证实，土体弹性模量和土工合成材料拉伸模量之间的不同匹配，直接影响着加筋的稳定效果。不同的土体弹性模量的加筋边坡，应选择一定范围的土工合成材料拉伸模量与之匹配进行加筋。对于土体弹性模量高的边坡，选用拉伸模量适当高的土工合成材料且实施预张拉来进行加筋，其作用性能相对更为理想。

4 加筋土离心模型试验及其黏弹塑特性分析

4.1 研究目的

运用离心模型试验及现场试验，证实加筋技术在控制高填方路基不均匀沉降等方面是有效的。并从研究宏观加筋土单元中土和土工合成材料的微观应力角度出发，通过数值分析进一步揭示加筋土体的黏弹塑力学特性，旨在为加筋土技术提供科学的理论依据。

4.2 研究内容

借助离心模型试验，模拟未加筋和加筋两种工况，揭示土工合成材料在控制高填方路基不均匀沉降等方面所体现出来的优势，并进一步论证埋置在路堤中的土工合成材料，依靠其与土体的摩擦作用以及土工合成材料网眼特有的嵌锁咬合作用，能有效地限制其上下土体的侧向变形，增强土体稳定性。

通过现场试验，在高填方路堤加筋土中布置观察点，记录下不同时段的沉降量，进一步证明加筋土技术的有效性。

将加筋土体中的土当作弹塑性材料，把土工合成材料当作黏弹性材料，建立加筋土的黏弹塑本构模型，并结合试验数据，通过数值分析，揭示加筋土黏弹塑力学特性的合理性。

4.3 加筋土离心模型试验

加筋土体以其结构施工简捷和经济的特点，在岩土工程中得到了广泛的应用[122-124]。为了研究筋土之间的相互作用并合理地解释加筋土机理，国内外学者[125-128]进行了大量的加筋土试验研究，离心模型试验因其独特的优势已成为验证计算方法和解决土工问题的一种强有力的手段。

离心模型是各类物理模型中相似性最好的模型。通过离心机产生离心力场，提高模型土体的体积力，形成人工重力，来模拟原型在地球重力场中的受力状态，达到模型与原型所受的重力完全相等，保持其力学特性的相似性。

4.3 加筋土离心模型试验

表 4.1 为普通模型（$1g$）与离心模型（ng）的几何、材料、外荷载及地应力的相似准则。在模型设计时要使模型与原型完全相似是行不通的。若某些相似条件（即无量纲）的影响不大（或其影响是已知的）时，可允许偏离它们的正确值，所以试验者的最重要任务是论证试验中与完全相似条件偏离的情况或用理论校核来补充。

表 4.1　土石坝变形裂隙模型试验相似律（模型与原型材料一致）

比尺	原型 1∶1	普通模型 1∶n		离心模型 1∶n		备注
重力加速度	g	g		ng		√为相似 ×为不相似
几何相似	B/H D/H α	B/H D/H α	√ √ √	B/H D/H α	√ √ √	因为 $k=\dfrac{K\gamma_w}{\eta_w}=\dfrac{K}{\eta_w}\rho g$ 所以 $\dfrac{\kappa}{\rho g}=\dfrac{K}{\eta_w}$ 又因为 $\left(\dfrac{K}{\eta_w}\right)_p=\left(\dfrac{K}{\eta_w}\right)_m$ 所以 $\left(\dfrac{\kappa}{\rho g}\right)_p=\left(\dfrac{\kappa}{\rho g}\right)_m$ 因为 $c_v=\dfrac{k}{\gamma_w m_v}=\dfrac{K}{\eta_w}(m_v)^{-1}$ 所以 $c_v m_v=\dfrac{K}{\eta_w}$ 又因为 $\dim m_v=L^2 F^{-1}=(\rho g H)^{-1}$ 故 $c_v m_v=\dfrac{c_v}{\rho g H}=\dfrac{K}{\eta_w}$ 所以 $\left(\dfrac{c_v}{\rho g H}\right)_p=\left(\dfrac{c_v}{\rho g H}\right)_m$
材料相似	e,ϕ $r/\rho g$ $c/\rho g H$ $E/\rho g H$ $\sigma_s/\rho g H$ d/H $k/\rho g$ $c_v/\rho g H$ $v=\varepsilon_k/\varepsilon_y$ η	e,ϕ $r/\rho g$ $nc/\rho g H$ $nE/\rho g H$ $n\sigma_s/\rho g H$ nd/H $k/\rho g$ $nc_v/\rho g H$ v η	√ √ × × × × √ × √ √	e,ϕ $r/\rho g$ $c/\rho g H$ $E/\rho g H$ $\sigma_s/\rho g H$ nd/H $k/\rho g$ $c_v/\rho g H$ v η	√ √ √ √ √ × √ √ √ √	
起始地应力相似	$\sigma_s/\rho g H$	$n\sigma_s/\rho g H$	×	$\sigma_s/\rho g H$	√	普通模型中水位降落速度的时间比尺 t^* 因为 $g^*=l^*(t^*)^{-2}=1$ 所以 $t^*=\dfrac{1}{\sqrt{n}}$
外荷载相似	H_w/H v/gt	H_w/H $\sqrt{n}v/gt$	√ ×	H_w/H v/gt	√ √	

续表

比尺	原型 1:1	普通模型 1:n	离心模型 1:n	备注
重力加速度	g	g	ng	√为相似 ×为不相似
坝体反应相似	$\sigma/\rho gH$ $\dfrac{\sigma_w}{\rho gH}$ $\varepsilon = \dfrac{\rho gH}{E}$ $\dfrac{\delta}{H}$ $K_s = \dfrac{\tau}{\rho gH}$	$n\sigma/\rho gH$ × $\dfrac{n\sigma_\mu}{\rho gH}$ × $\dfrac{\rho gH}{nE}$ × $\dfrac{n\delta}{H}$ × nK_s ×	$\sigma/\rho gH$ √ $\dfrac{\sigma_w}{\rho gH}$ √ $\dfrac{\rho gH}{E}$ √ $\dfrac{\delta}{H}$ √ K_s √	$\varepsilon = \dfrac{\sigma}{E} = \dfrac{\rho gH}{E}$ 坝的抗滑稳定安全系数 $K_s = \dfrac{\tau}{\rho gH}$ Mohr-Coulomb 破坏准则 $\tau' = c' + \sigma' tg\varphi'$
土的破坏准则相似	$\tau'/\rho gH$ $\sigma'/\rho gH$	$n\tau'/\rho gH$ × $n\sigma'/\rho gH$ ×	$\tau'/\rho gH$ √ $\sigma'/\rho gH$ √	

注：① 几何轮廓：H—坝高，B—坝顶宽及顶长，D—反滤层厚度，a—各部位垃角。
② 材料特性：e—孔隙比，γ—容重，ρ—密度，φ—摩擦角，c—凝聚力，E—土的杨氏模量，υ—土的泊桑比，σ—土的强度，κ—渗透系数，c_v—固结系数，η—水、土的动力黏滞系数，d—土颗粒粒径。
③ 外荷载：H_w—水深，g—重力加速度，v—库水位下降建度，T—时间。
④ 地基中起始应力：σ—土重产生应力。
⑤ 土石坝反应：σ—应力，σ_k—孔隙水压力，ε—应变，δ—变形，k—抗剪稳定安全因素。

离心模型试验中的各项参数应与原型有一定的相似关系，即比尺关系。这种相似关系可以通过物理方程或量纲分析确定下来，如表 4.2。表中 n 为模型与原型两者相应变量之比。

表 4.2 离心模型试验中的比尺因素

变量	符号	无量纲数	比例因素
加速度	a		n
模型长度	l		$1/n$
土密度	ρ		1
颗粒尺寸	d	d/l	1

续表

变量	符号	无量纲数	比例因素
孔隙比	e	e	1
饱和度	S_r	S_r	1
液体密度	ρ_l	ρ_l/ρ	1
表面张力	σ_l	$\sigma_l/\rho a d l$	1
毛细管高度	h_c	$H_c \rho_l a d / \sigma_l$	$1/n$
黏滞性	η	$\eta/\rho_l d(al)^{1/2}$	1
渗透性	k	$\kappa \eta/d_2 \rho a$	n
颗粒摩阻力	φ	φ	1
颗粒强度	σ_c	$\sigma_c/\rho a l$	1
黏聚力	c	$c/\rho a l$	1
压缩性	E	$E/\rho a l$	1
惯性时间	t_1	$t(a/l)^{1/2}$	$1/n$
层流时间	t_2	$t\kappa/l$	$1/n^2$
蠕变时间	t_3		1

4.3.1 模型比尺

土工离心模型试验是把模型置于特制的离心机中，使 $1/n$ 的模型在 ng 离心加速场中进行试验。本次试验是模拟现场加筋土强夯技术，在长沙理工大学土工离心机试验中心进行，所用的离心机型号为 TLJ-150A，最大容量 $150g \cdot t$，旋转半径 3.5 m，最大加速度 $150g$；选用的大模型箱尺寸为长 0.9 m、宽 0.7 m、高 0.7 m，模型比尺 $n = 30$，结构原型如图 4.1。

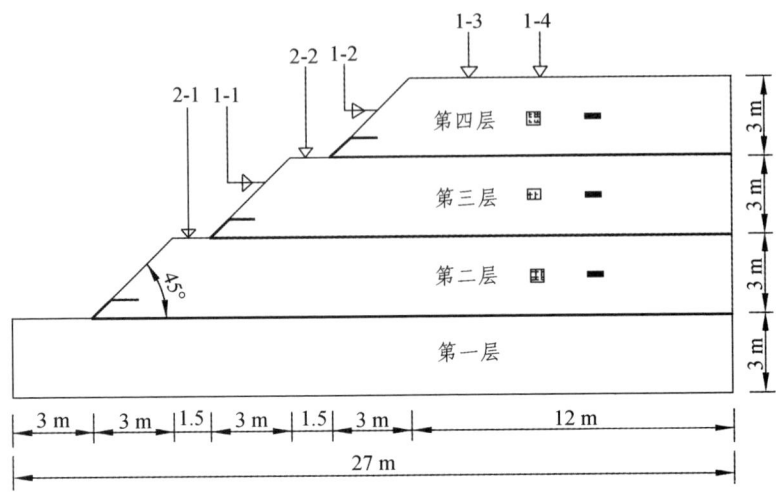

"▽"传感器用来测每一层的沉降量,"▷"传感器用来测每一层的侧位移。

▣ 土压力盒　　■ 应变片

图 4.1　结构原型

4.3.2　结构模拟

1. 地基与填料的模拟

由于本试验主要是针对高填方路堤在交通荷载与回填材料自重作用下的变形特性与破坏机理进行定性分析,所以在试验过程中假设地基是稳定的,不产生下沉变形。路基填料选用现场的红砂岩碎石土,采用去掉大颗粒法进行填料模拟,通过筛分使最大粒径不超过 1 mm,按密实度 94% 控制。

2. 筋材的模拟

本试验使用的筋材为整体冲切式双向土工格栅,由于筋材较薄,弹性模量较高,如按相似率将尺寸缩小,根本无法实现,因此,需要采用替代材料。

正如本章表 4.1 所述,在进行筋材原型与模型的比尺关系推导时,主要考虑两种因素:即摩擦咬合特性和拉伸应力应变特性。

4.3 加筋土离心模型试验

（1）摩擦咬合特性。

模型材料的形式和材质应尽可能与原型相应的材料一致。为简化起见，仅考虑筋材的平均厚度，为了有效模拟筋材的几何尺寸，可以得出

$$\frac{(a_t)_m}{(a_t)_p} = \frac{(b_t)_m}{(b_t)_p} = \frac{(t_t)_m}{(t_t)_p} = \frac{1}{N}$$

$$\frac{(a_l)_m}{(a_l)_p} = \frac{(b_l)_m}{(b_l)_p} = \frac{(t_l)_m}{(t_l)_p} = \frac{1}{N} \tag{4.1}$$

式中　a——筋材开孔尺寸；

　　　b——筋条宽度；

　　　t——筋条的平均厚度；

　　　N——比尺因子。

角标 l、t 表示纵向和横向，角标 m、p 分别表示模型和原型。

为满足相似关系，单位长度的筋条截面积在纵横方向均应与原型相似。单位长度的筋条截面积可表示为

$$(A')_l = \frac{b_l t_l}{a_t + b_t}$$

$$(A')_t = \frac{b_t t_t}{a_l + b_l} \tag{4.2}$$

式中　$(A')_l$——沿纵向单位长度双向格栅筋条的截面积；

　　　$(A')_t$——沿横向单位长度双向格栅筋条的截面积。

根据式（4.1）和式（4.2），有

$$\left(\frac{b_l t_l}{a_t + b_t}\right)_m = \frac{[b_l t_l /(a_t + b_t)]_p}{N} \quad \left(\frac{b_t t_t}{a_l + b_l}\right)_m = \frac{[b_t t_t /(a_l + b_l)]_p}{N} \tag{4.3}$$

为保证筋材与土界面接触摩擦咬合的相似性，原型与模型的开孔率 f 应相等，即

$$f_m = f_p \tag{4.4}$$

式中 $f = \dfrac{a_l a_t}{(a_l + b_l)(a_t + b_t)}$。

(2)拉伸应力应变特性。

对于理想的模型筋材与原型筋材的拉伸应力应变特性如图 4.2 所示。当原型和模型所用筋材特性相同时,假设原型与模型的拉应力相等(即 $\sigma_m = \sigma_p = \sigma$),而所用筋材自身的本构关系为 $\sigma = E\varepsilon$ (E 为筋材自身的弹性模量),则原型与模型的应变也相等 $[(\varepsilon_g)_m = (\varepsilon_g)_p = \varepsilon]$,从而可以得出模型筋材与原型筋材拉伸强度的比尺关系:

$$\frac{(T_g)_m}{(T_g)_p} = \frac{E\varepsilon A'_m}{E\varepsilon A'_p} = \frac{E\varepsilon A'_m}{E\varepsilon (NA'_m)} = \frac{1}{N} \quad (4.5)$$

式中 T_g——筋材的拉伸强度,$T_g = \sigma A'$。

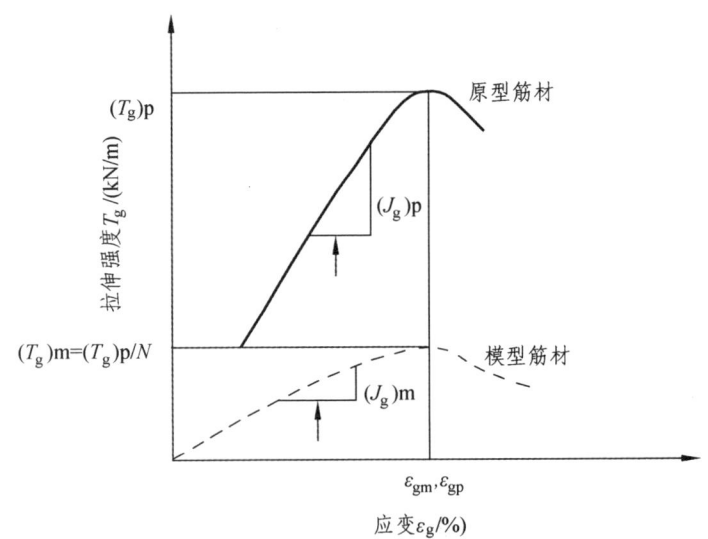

图 4.2 理想的筋材模型材料与原型材料的拉伸应力应变特性

相应地,筋材的拉伸强度可表示为 $T_g = J_g \varepsilon$ (J_g 为割线模量),将其代入式(4.5)中,可得 $(T_g)_m / (J_g)_p = 1/N$,即原型材料的割线模量为模型材料割线模量的 N 倍。

(3)近似等效处理方法。

在选择模型材料时往往需要结合比尺关系,进行等效处理。由于可用的材料最小拉伸强度大都不能满足理想模型材料强度的要求,可依据单位宽度理想模型与等效模型筋材总拉伸强度相等的原则,设计等效模型筋材层间距,进行近似等效处理。

单个结点拉筋所受的拉力应为

$$T_i = \sigma_v K_i S_x S_y + \sigma_p S_x S_y \quad (4.6)$$

筋材的应变为

$$\varepsilon = T_i / EA = (\sigma_v K_i S_x S_y + \sigma_p S_x S_y)/EA \quad (4.7)$$

式中 σ_v——格栅所受的垂向土压力；

K_i——土体侧压力系数；

σ_p——筋材所受的侧向压力；

A——筋材的截面积；

E——筋材弹性模量；

S_x、S_y——筋条的水平及竖向间距。

由于原型与模型垂向土压力 σ_v、土体侧压力系数 K_i、侧向压力 σ_p 相等，应变也相等，则有

$$\left(\frac{S_x S_y}{EA}\right)_m = \left(\frac{S_x S_y}{EA}\right)_p \quad (4.8)$$

令 $A' = A/S_x$，则拉伸强度 $T = EA\varepsilon/S_x = EA'\varepsilon$，由于原型与模型应变相等，代入式（4.8）得：

$$\frac{(S_y)_m}{T_m} = \frac{(S_y)_p}{T_p} \quad (4.9)$$

式中 A'——单位长度筋材的截面积；

T——筋材的拉伸强度。

从式（4.9）可以看出，原型和模型中的层间距与拉伸强度的比值相等，在选择模型材料时，可以利用此式进行近似等效处理。

经计算并借鉴向科、罗凤等人在土工格栅加筋效果离心模型试验方面所获得的经验，本试验采用 2 mm × 2 mm × 0.2 mm 的绿色窗纱代替双向土工格栅，从上往下埋设 3 层，间距为 10 cm。

4.3.3 试验手段的改进及试验结果分析

1. 改进试验手段

在试验过程中，为了保证土样有足够的压实度，同时尽可能的保护

模型箱一侧的有机玻璃不被反复的冲击和磨损，本试验对模型箱进行了改进，特制了一块 10 mm 厚的钢板，并在其上留设了 30 个螺丝孔，通过螺栓使钢板更加牢固的紧贴模型箱一侧（如图 4.3）。在土样制备过程中，卸下有机玻璃板并安装厚钢板，待土样制备完后再换上有机玻璃板。本试验很好地解决了离心模型试验中土样压实不均匀的问题。

此外，本试验将应变片贴在一块 20 cm×15 cm 防水砂纸光滑的一侧，用环氧树脂封裹应变片及接线头，并使防水砂纸粗糙的一侧朝下紧贴土体。一方面，扩大了应变片与周围土体的接触面积，力求使应变片的变形与周围土体的变形尽可能一致；另一方面，避免了应变片接线头遇水短路现象。

2. 试验方法

本试验分加筋和未加筋两种工况，模型比尺 $n = 30$，最大加速度为 $100g$。从 0—$10g$—$18g$—$25g$—$30g$，各段的运行时间均为 36 min（相当于实际的 22.5 天），其中加载时间为 24 min，稳定运行时间为 12 min；从 $40g$ 起每增加 $10g$ 所需时间为 18 min（约相当于实际的 11 天），其中加载时间为 12 min，稳定运行时间为 6 min。试验过程中通过埋设土压力盒、应变片，竖向位移传感器和水平位移传感器（如本章图 4.4）及安装摄像机，用来对比和分析这两种工况下土压力的大小、应力应变关系、竖向位移和水平位移的变化情况，并同步拍摄试验过程中土体的开裂、滑移等破坏现象。各种元件的技术参数如表 4.3。

表 4.3 试验元件的技术参数

土层编号	测试元件名称	元件编号	技术参数	备注
第一层				地基
第二层	土压力盒	TY102Φ1308	2 MPa	
	应变片	X 方向		
		Y 方向		作为补偿器
	位移传感器	20104006（2-1 垂直位移）		

续表

土层编号	测试元件名称	元件编号	技术参数	备注
第三层	土压力盒	TY102Φ1306	2 MPa	
	应变片	X方向		
		Y方向		作为补偿器
	位移传感器	20104004（2-2垂直位移）		
		20101003（1-1水平位移）		
第四层	土压力盒	TY1005Φ806	500 kPa	
	应变片	X方向		
		Y方向		作为补偿器
	位移传感器	2010118（1-3垂直位移）		
		20100117（1-4垂直位移）		
		20101002（1-2水平位移）		

图 4.3 特制厚钢板

图 4.4 离心模型试验

本试验按照现场的路基填筑情况来确定荷载等级和加载时间。根据模型比尺可知,试验过程中的 24 min 相当于实际中的 15 天,依此类推。加速度响应曲线如图 4.5。

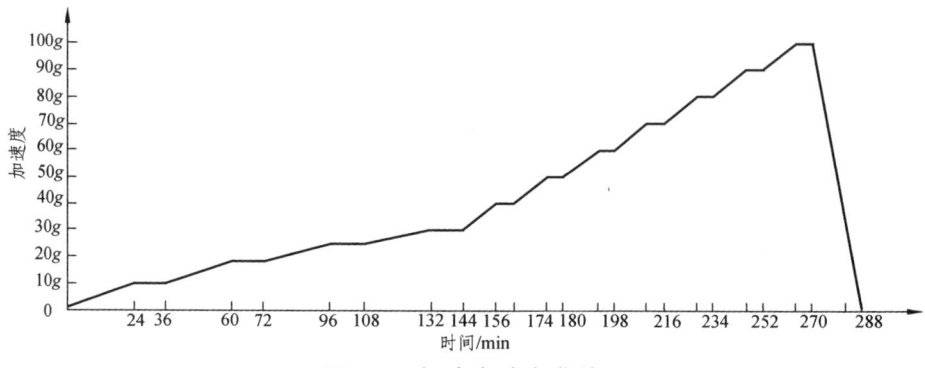

图 4.5 加速度响应曲线

3. 试验结果及分析

本书将从两方面对试验结果进行对比和分析。

一方面,对破坏后的两种土体作直观的对比:

(1)未加筋土体破坏后,靠近模型箱一侧顶部竖直方向的沉降量高达 1.54 cm;而加筋土体破坏后,靠近模型箱一侧顶部竖直方向的沉降量较前者明显减少,只有 0.26 cm。如图 4.6 及图 4.7 所示。

图 4.6 未加筋土体破坏时的沉降情况

图 4.7 加筋土体破坏时的沉降情况

(2)未加筋土体破坏后,其顶部裂缝宽最大的达 0.33 cm;而加筋土体破坏后,其顶部裂缝宽较前者也有所减少,为 0.21 cm。

（3）为了更直观的观测到两种工况下土体破坏后所发生的侧向位移，试验时将中间开孔的一块小铝片通过大头针固定在土样的边坡上，据此观测水平位移传感器顶端与小铝片中心孔的相对位移。试验发现未加筋土体破坏后的相对位移第三层（编号 1-1）为 0.41 cm、第四层（编号 1-2）为 0.62 cm；而加筋土体破坏后的相对位移较前者少得多，第三层（编号 1-1）为 0.07 cm、第四层（编号 1-2）为 0.18 cm。如图 4.8 及图 4.9。

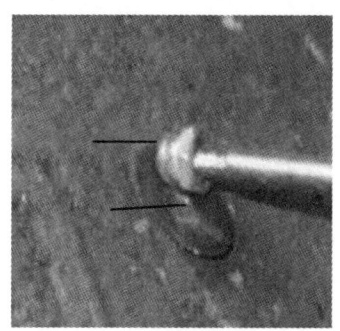 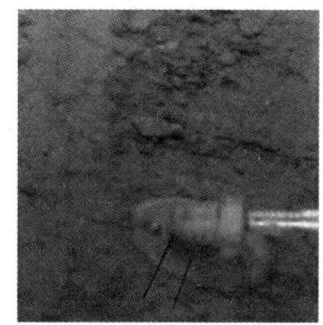

图 4.8　未加筋土体破坏时的侧位移情况　　图 4.9　加筋土体破坏时的侧位移情况

另一方面，对所有测点通过数据采集绘制相应的试验曲线，如图 4.10 ~ 图 4.13，以此对破坏后的两种土体作进一步的对比和分析。需要说明的是，由于第二层土样边坡距离模型箱太近，无法安装水平位移传感器，所以水平位移只有两组曲线。

试验结果表明：

（1）图 4.10 同样显示加筋土的侧向变形比未加筋土的侧向变形要少得多，这一点在图 4.8 及图 4.9 中得到了验证。

（2）通过埋设应变片并视应变片的变形量为观测点处土体变形量，其变形累积同各侧向位移并不完全一致，主要原因在于试验中应变片的埋设远离了坡面而靠近模型箱一端，致使应变片周围的土体变形受到模型箱的限制而变小，即模型箱的边界效应。

（3）土工合成材料在控制路堤的不均匀沉降方面效果更加明显，这一点从图 4.11 及图 4.5 ~ 图 4.6 得到了充分的说明，从而抑制了裂缝的产生和发展。

（4）从图 4.13 可知，通过土工合成材料的受拉来平衡土体的受压，更能有效地减少加筋土体内部的压力，而且土工合成材料还能有效的削减上下二层土之间土压力的增长幅度，同时使土压力的分布也更加的均匀。

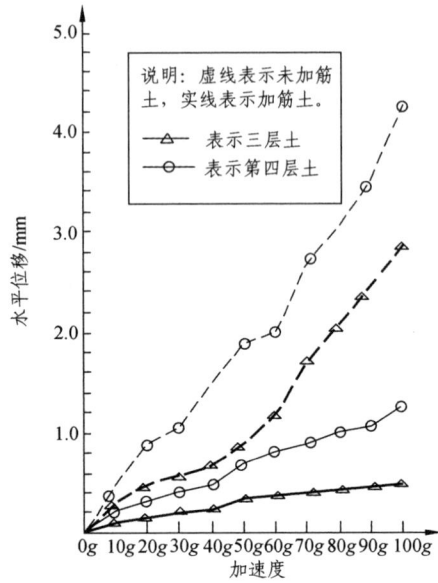

图 4.10 荷载等级与各观测点水平位移的关系

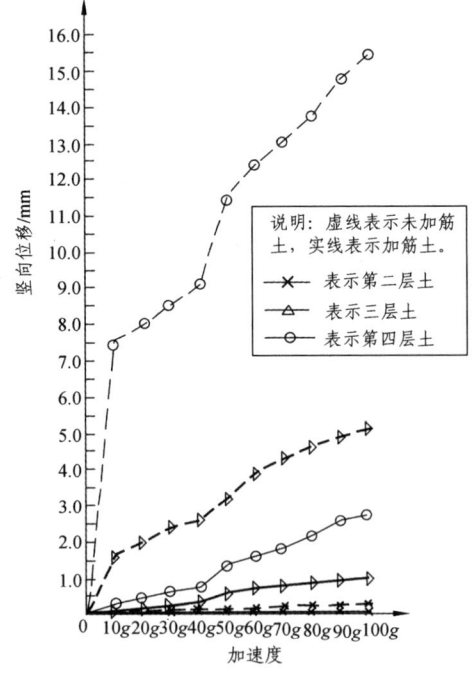

图 4.11 荷载等级与各观测点竖向位移的关系

4.3 加筋土离心模型试验

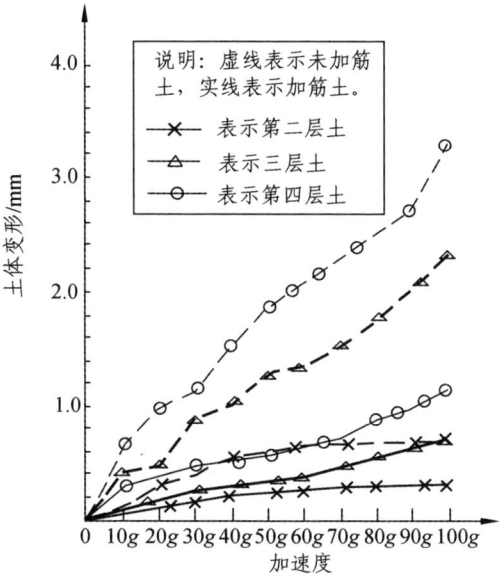

图 4.12　荷载等级与土体变形的关系

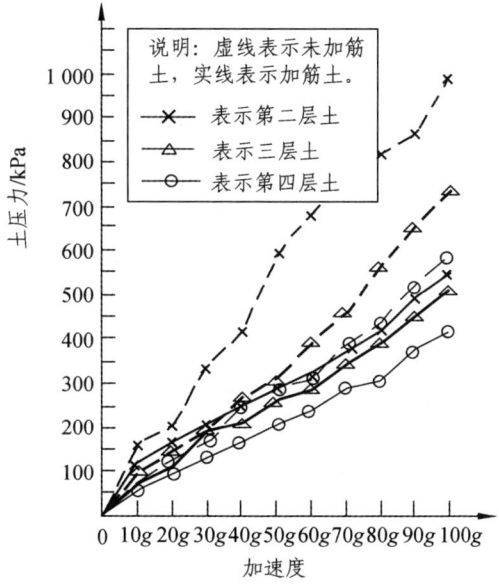

图 4.13　荷载等级与各观测点土压力的关系

（5）图 4.10～图 4.13 反映了同一个现象，即加速度超过 30g 即为 40g 时土体并未完全进入破坏阶段，变形趋于稳定，但此时的照片清晰地显示出微裂隙开始产生。当加速度超过 50g 后，变形明显增大，微裂隙进一步扩大并贯通。当加速度超过 70g 后，未加筋土体扩大了的裂缝从坡顶向坡面以及坡脚近乎直线延伸，而加筋土体的裂缝从坡顶向坡面以弧形延伸，且在加筋界面错开。由此可见，加筋土体边坡的破坏是渐进的，即为变形阶段、裂缝产生阶段、局部剪切破坏阶段和完全破坏阶段。

变形阶段：离心加速度缓慢上升时，边坡在垂直和水平方向开始变形。随着离心加速度的提高，变形量随之增加。

开裂阶段：开裂有垂直开裂和水平开裂两种情形。摄影照片显示，当加速度为 40g 时变形和裂缝发育。

初始破坏阶段：当垂直变形和水平变形达到一定程度后，加筋土体在坡底角处产生局部塑性变形，局部剪切破坏开始，随离心加速度的提高而逐渐扩大。

破坏阶段：随着局部破坏扩展，土体边坡完全破坏并加速了土体的滑移。

总之，埋置在路堤中的土工合成材料，依靠自身与土体的摩擦作用及其网眼特有的嵌锁咬合作用，产生"网兜"效应，能有效地抑制其上下土体的侧向变形，增强土体稳定性。

4.4 高填方路堤加筋土处治现场试验

为进一步证实加筋土对提高路基的稳定性并控制不均匀沉降的有效性，课题组在江西武吉高速公路通车前，沿全线选择了 4 个典型的断面继续进行工后沉降的观测，各断面测点的分布位置及各时间段的测量数据详见本书第 5 章图 5.34～图 5.37 及表 5.11～表 5.14。

施工单位根据设计院提供的施工图纸，对江西省武吉高速公路的高填方路段进行了加筋土技术处理。全线的挖填交界处及高填方路段的施工方案如图 4.14、图 4.15 所示。

4.4 高填方路堤加筋土处治现场试验

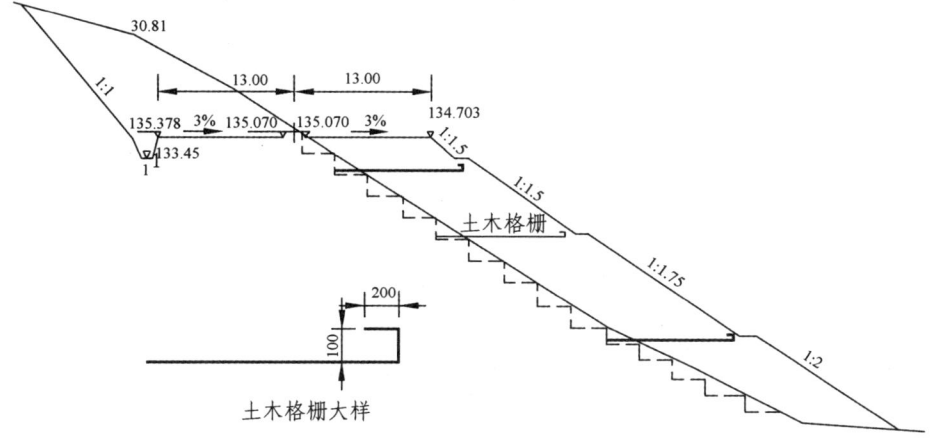

图 4.14 挖填交界处加筋土施工方案

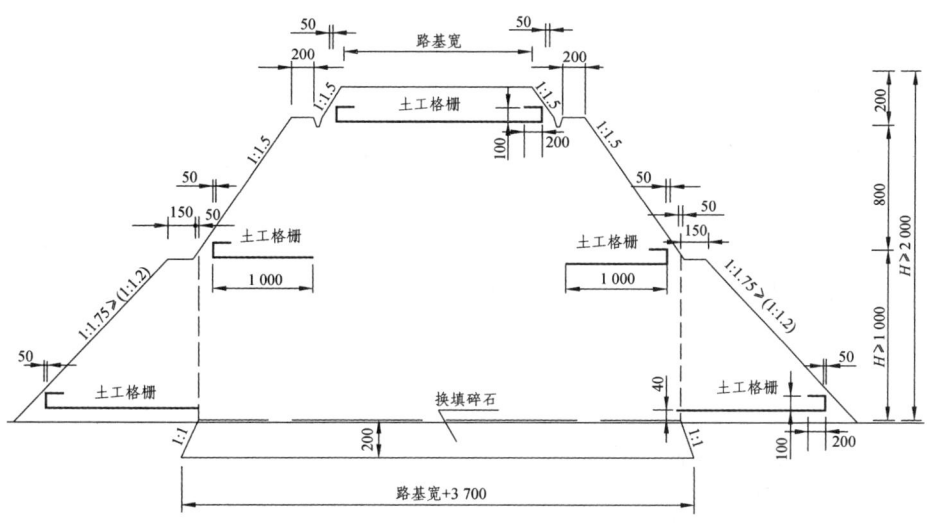

图 4.15 高填方路段加筋土施工方案

施工特点：现场采用单向土工合成材料，每延米抗拉强度为 52.9 kN/m，每延米拉伸屈服率为 7.2%，幅宽 3 m。陡坡填方路基中，土工合成材料与填方台阶齐平，土工合成材料的一端钉在开挖出的台阶上，另一端进行预张拉填土 1 m 后反包 2 m 钉钉进行固定。路基基底台阶宽 4 m，路基以下按边坡坡度变化处位置铺筑一层土工合成材料。

经过1年的现场观测，各个断面一年内的每月平均沉降量均未超过3 mm，变坡未超过1/200，符合相关的规范要求，充分说明加筋土技术能有效地提高路基的稳定性并控制不均匀沉降。

4.5 加筋土体黏弹塑本构模型的建立

Sawicki[129]把加筋土体看成均匀的各向异性材料，假设其宏观应力由土的微观应力和筋材的微观应力组成，筋材与土间不产生相对滑动，将土视为满足 Mohr-Coulomb 破坏准则的理想塑性材料，建立了加筋土复合刚塑性模型。

根据规范要求，土工合成材料应在30%的应力比下工作[130]。本书将土工合成材料看作一种黏弹性材料，视土体为弹塑性材料，分别建立并对比分析基于土工合成材料黏弹性和黏弹塑特性这两种具有代表性的加筋土体本构模型。

4.5.1 基本假定

（1）假定加筋土体是宏观均匀的各向异性复合材料，将加筋体中的土当作弹塑性材料，将筋材视为黏弹性材料。加筋土体的宏观应力由筋材应力与周围土体应力组成，并保持宏观应力不变，如图4.16所示。

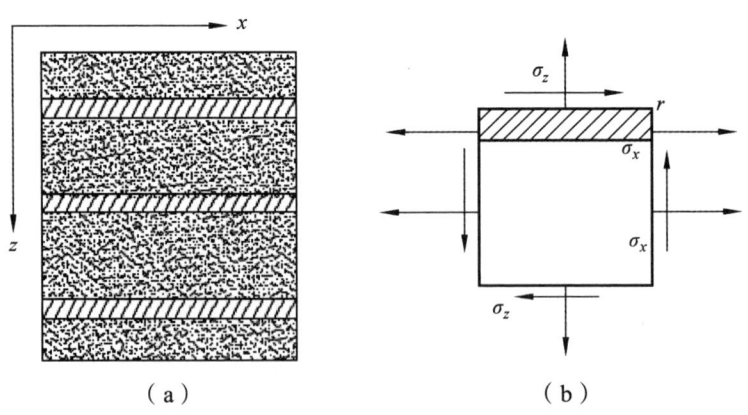

图4.16 复合材料宏观与微观应力关系示意

4.5 加筋土体黏弹塑本构模型的建立

（2）假定土与筋材之间处于完全黏结状态而没有相对滑动，两者变形相协调。

4.5.2 加筋土黏弹塑计算模型

根据 Sawicki 的研究，假定加筋土复合体的宏观应力及应变同土和筋材中的微观应力及应变之间存在下列关系

$$\sigma_{ij} = (1-n)\sigma_{ij}^s + n\sigma_{ij}^r \tag{4.10}$$

$$\varepsilon_{ij} = (1-n)\varepsilon_{ij}^s + n\varepsilon_{ij}^r \tag{4.11}$$

式中　n——加筋土中的体积含筋率，即筋材在加筋土中所占的体积比。因为竖向应力分量相同，所以

$$\sigma_z = \sigma_z^s = \sigma_z^r \tag{4.12}$$

当筋材与土处于完全黏结，同时不考虑筋材在厚度方向的压缩和弯曲变形时，加筋土复合体、筋材和周围土的宏观应变及微观应变为

$$\varepsilon_x = \varepsilon_x^s = -\varepsilon_x^r \tag{4.13}$$

$$\varepsilon_z \approx \varepsilon_z^s \tag{4.14}$$

其中　$n = e/\Delta h$ （4.15）

式中　e、Δh——筋材的厚度和筋材层间距。

本书将加筋土的受力状态分为二个阶段来研究其黏弹塑特性：

（1）第一阶段即加筋土体处于弹性阶段。

加筋土体是宏观均匀的各向异性复合材料，从而将土看成是理想的弹塑性材料，筋材为黏弹性材料。当加筋土体处于弹性阶段时，基于加筋土的受力特性按三参数黏弹性模型来研究。

三参数模型的总应力为

$$\sigma = \sigma_1 + \sigma_2 \tag{4.16}$$

总应变为

$$\varepsilon = \varepsilon_1 + \varepsilon_2 \tag{4.17}$$

通过 Laplace 变换，应力应变关系式为

$$\bar{\sigma} = E_1 \bar{\varepsilon}_1 \tag{4.18}$$

$$\bar{\sigma} = (E_2 + \eta s) \bar{\varepsilon}_2 \tag{4.19}$$

$$\bar{\varepsilon} = \bar{\varepsilon}_1 + \bar{\varepsilon}_2 \tag{4.20}$$

式中 E_1、E_2——弹性模量；

η——黏性系数。

将式（4.18）和式（4.19）代入式（4.20），得

$$E_1(E_2 + \eta s)\bar{\varepsilon} = [(E_1 + E_2) + \eta s]\bar{\sigma} \tag{4.21}$$

逆变换后，得

$$(E_1 + E_2)\sigma + \eta \dot{\sigma} = E_1 E_2 \varepsilon + E_1 \eta \dot{\varepsilon} \tag{4.22}$$

式（4.22）两端除以 $(E_1 + E_2)$，得到

$$\sigma + p_1 \dot{\sigma} = q_0 \varepsilon + q_1 \dot{\varepsilon} \tag{4.23}$$

式中 $p_1 = \dfrac{\eta}{E_1 + E_2}$，$q_0 = \dfrac{E_1 E_2}{E_1 + E_2}$，$q_1 = \dfrac{E_1 \eta}{E_1 + E_2}$。

令 $\sigma = \sigma_0 \Delta(t)$，则有 $\bar{\sigma} = \sigma_0 / s$。

对式（4.23）进行 Laplace 变换，并利用上式可得

$$\sigma\left(\frac{1}{s} + p_1\right) = (q_0 + q_1 s)\bar{\varepsilon} \tag{4.24}$$

从而得到

$$\varepsilon = \frac{\sigma}{q_0}\left[1 - \left(1 - \frac{p_1 q_0}{q_1}\right)\exp\left(-\frac{q_0 t}{q_1}\right)\right] \tag{4.25}$$

代入 $p_1 = \dfrac{\eta}{E_1 + E_2}$，$q_0 = \dfrac{E_1 E_2}{E_1 + E_2}$，$q_1 = \dfrac{E_1 \eta}{E_1 + E_2}$，即得

$$\varepsilon = \frac{\sigma}{E_1}\exp\left(-\frac{E_2 t}{\eta}\right) + \frac{\sigma}{\dfrac{E_1 E_2}{E_1 + E_2}}\left[1 - \exp\left(-\frac{E_2 t}{\eta}\right)\right] \quad (0<t<T) \tag{4.26}$$

式中 T——加筋土体塑性到达的时间。

式（4.26）即为加筋土体黏弹性模型。

（2）第二阶段即土体进入塑性阶段。

首先求土体到达塑性状态所需要的时间，根据 Mohr-Coulomb 准则，按式（4.27）确定：

$$f = (\sigma_z - \sigma_x^s)^2 - (\sigma_z + \sigma_x^s)^2 \sin^2\phi + 4\tau^2 = 0 \tag{4.27}$$

当考虑 σ_z 和 σ_x^s 为主应力时，

$$f = (\sigma_z - \sigma_x^s) - (\sigma_z + \sigma_x^s)\sin\phi \leqslant 0 \tag{4.28}$$

故 $\sigma_x^s \geqslant \dfrac{1-\sin\phi}{1+\sin\phi}\sigma_z = \phi$，即当 $\sigma_x^s = \phi$ 时，土体开始进入塑性状态，由方程

$$\begin{aligned}\sigma = &\left\{\sigma_0 - \dfrac{E_2 + E_3}{E_1 E_2 E_3}(1+\mu_s)[(1-\mu_s)\sigma_x - \mu_N \sigma_z]\right\} \cdot \\ &\exp\left(-\dfrac{E_2 + E_3}{\eta}t\right) + \dfrac{E_2 + E_3}{E_1 E_2 E_3}(1+\mu_s)[(1-\mu_s)\sigma_x - \mu_s \sigma_z]\end{aligned} \tag{4.29}$$

$$\sigma_x^s = \sigma_x - \dfrac{\sigma}{\Delta h}, \quad \sigma_x^s = \phi \tag{4.30}$$

可解得

$$\begin{aligned}T = &-\dfrac{\eta}{E_2 + E_3} \cdot \ln\left\{\dfrac{1}{\sigma_0 - \dfrac{E_2 + E_3}{E_1 E_2 E_3}(1+\mu_s)\sigma_x - \mu_s \sigma_z}\right. \\ &\left.\left[(\sigma_x - \phi)\Delta h - \dfrac{E_2 + E_3}{E_1 E_2 E_3}(1+\mu_s)\right][(1-\mu_s)\sigma_x - \mu_s \sigma_z]\right\}\end{aligned} \tag{4.31}$$

当 $t \geqslant T$ 时即加筋土体进入塑性阶段后，其应力表现为恒力，其变形体现出蠕变特性。在施加常应力 $\sigma = \sigma_0$ 作用下，蠕变大小可推导为

$$\varepsilon = \dfrac{\sigma_0}{E_1} + \dfrac{\sigma_0}{E_2}\left[1 - \exp\left(-\dfrac{E_2}{\eta_2}t\right)\right] \tag{4.32}$$

蠕变柔量为

$$J(t) = \frac{1}{E_1} + \frac{1}{E_2}\left[1 - \exp\left(-\frac{E_2}{\eta_2}t\right)\right] \quad (4.33)$$

在塑性阶段，则有

$$\frac{d\varepsilon_3}{dt} = \frac{1}{E_3}\frac{d(\sigma-\sigma_s)}{dt} + \frac{1}{\eta_3}(\sigma-\sigma_s), \quad \varepsilon_2 = \frac{\sigma}{E_2} - \frac{\eta_2}{E_2}\frac{d\varepsilon}{dt}, \quad \varepsilon_3 = \frac{\sigma}{E_3} \quad (4.34)$$

则加筋土流变本构关系可表示为

$$\frac{d^2\varepsilon}{dt^2} + \frac{E_2}{\eta_2}\frac{d\varepsilon}{dt} = \frac{1}{E_1}\frac{d^2\sigma}{dt^2} + \frac{E_2+E_1}{E_2E_1}\frac{d\sigma}{dt} + \frac{1}{E_3}\frac{d^2(\sigma-\sigma_s)}{dt^2} + \frac{\eta_2E_3+\eta_3E_2}{\eta_3\eta_2E_3}\frac{d(\sigma-\sigma_s)}{dt} + \frac{E_2}{\eta_3\eta_2}(\sigma-\sigma_s) \quad (4.35)$$

式（4.35）即为加筋土体黏弹塑本构模型。

为简化计算，假设以进入塑性阶段开始计时，即当 $t = 0$ 时，应力 $\sigma = \sigma_0 > \sigma_s$，同时保持 σ 不变，则有

$$\varepsilon_3 = \frac{\sigma-\sigma_s}{\eta_3}\int_0^t dt + c$$

求解得：

$$\varepsilon_3 = \frac{\sigma_0-\sigma_s}{\eta_3}t + \frac{\sigma_0-\sigma_s}{E_3} \quad (4.36)$$

同时可得到

$$\varepsilon_2 = \frac{\sigma_0}{E_2}\left[1 - \exp\left(-\frac{E_2}{\eta_2}t\right)\right] \quad (4.37)$$

$$\varepsilon_1 = \frac{\sigma_0}{E_1} \quad (4.38)$$

将式（4.36）、式（4.37）、式（4.38）求和得到处于黏弹塑状态下的加筋土本构模型为

$$\varepsilon = \varepsilon_1 + \varepsilon_2 + \varepsilon_3 = \frac{\sigma_0}{E_1} + \frac{\sigma_0}{E_2}\left[1 - \exp\left(-\frac{E_2}{\eta_2}t\right)\right] + \frac{\sigma_0-\sigma_s}{\eta_3}t + \frac{\sigma_0-\sigma_s}{E_3} \quad (4.39)$$

式（4.39）关于加筋土黏弹塑性本构关系的模型理论具有表述方便、直观等一系列优点，施工过程及通车后的加筋土路基在施工设备或车辆的反复碾压下具有黏弹塑性材料的全部特征，因此可利黏弹塑性力学理论来研究压实过程中加筋土的力学响应并建立力学模型。

4.6 高填方路堤加筋土黏弹塑有限元理论分析

4.6.1 有限元一般格式

有限单元法是 Ritz 法和 Galerkin 法的推广，其求解过程主要包括以下三方面。

1. 结构离散

结构的离散化是有限单元法分析的第一步，将要分析的对象分割为有限个单元体，并在单元体内制定设置节点，使相邻单元的有关参数具有一定的连续性，构成一个单元的集合体代替原来的结构。离散分析对象时选取好整体坐标系，测得单元中节点的坐标以及单元的几何尺寸和材料常数。

2. 单元分析

在单元内为了能用节点位移表示单元体的位移、应变和应力，在连续的单元体内假设位移是坐标的某种函数，即位移模式或插值函数。选择恰当的位移函数是有限元分析的关键，单元的位移模式一般采用广义坐标 β 为待定参数的有限多项式为近似函数。由能量的变分原理建立离散体系的节点平衡方程，离散形式的系统总位能表示为

$$\begin{aligned}\Pi_p &= \sum_e \{\delta^e\}^T \left\{ \int_{V_e} \frac{1}{2}[B]^T[D][B]\{\delta^e\}dV - \int_{V_e}[N]^T\{f\}dV - \int_{\Gamma_\sigma^e}[N]^T\{T\}d\Gamma \right\} \\ &= \frac{1}{2}\sum_e \{\delta^e\}^T \int_{V_e}[B]^T[D][B]dV\{\delta^e\} - \sum_e \{\delta^e\}^T \int_{V_e}[N]^T\{f\}dV - \\ &\quad \sum_e \{\delta^e\}^T \int_{\Gamma_\sigma^e}[N]^T\{T\}d\Gamma \end{aligned} \quad (4.40)$$

式中　$\{f\}$——单元内任意一点的位移列阵；

$\{\delta^e\}$——单元的节点位移列阵；

$[N]$——形函数矩阵；

$[B]$——单元的应变矩阵；

$[D]$——单元材料有关的弹性矩阵。由总位能的变分 $\delta \Pi_p = 0$ 可得有限元求解的单元刚度方程

$$[K_e]\{\delta^e\} = \{P_e\} \tag{4.41}$$

其中 $\{P_e\}$、$[K_e]$ 分别为单元的节点荷载向量和刚度矩阵。

$$\{P_e\} = \int_{V_e} [N]^T \{f\} dV + \int_{\Gamma_\sigma^e} [N]^T \{T\} d\Gamma$$

$$[K_e] = \int_{V_e} [B]^T [D][B] dV$$

3. 整体分析

将各个单元的刚度矩阵集合成结构的整体刚度矩阵，将作用于单元的等效节点力列阵集合成总的荷载列阵，于是可以得到整个结构的平衡方程

$$[K]\{\delta\} = \{P\} \tag{4.42}$$

引入结构的强制边界条件，对整体刚矩阵和总荷载列向量进行相应的修改，求解得到结构的节点位移，然后将位移回代入单元，计算结构的应变、应力和反力等，加以整理即可得到所要求的计算结果。

4.6.2 弹塑性有限元理论

假设对于某一时刻 t 的位移为 $^t u_i$，而相应的荷载和位移条件为 V 内体积力 $^t \overline{F}_i$，S_σ 上的面积力 $^t \overline{T}_i$，S_u 上的位移边界条件 $^t \overline{u}_i$，应变 $^t \varepsilon_{ij}$ 和应力 $^t \sigma_{ij}$ 已经求得，当时间过渡到 $t + \Delta t$ 时，荷载和位移条件有一增量，即有

$$\left. \begin{array}{ll} ^{t+\Delta t}\overline{F}_i = {}^t\overline{F}_i + \Delta \overline{F}_i & (V) \\ ^{t+\Delta t}\overline{T}_i = {}^t\overline{T}_i + \Delta \overline{T}_i & (S_\sigma) \\ ^{t+\Delta t}\overline{u}_i = {}^t\overline{u}_i + \Delta \overline{u}_i & (S_u) \end{array} \right\} \tag{4.43}$$

在弹塑性材料结构中，$t + \Delta t$ 时刻荷载水平下的位移、应变和应力分别为

4.6 高填方路堤加筋土黏弹塑有限元理论分析

$$^{t+\Delta t}u_i = {}^t u_i + \Delta u_i, \quad {}^{t+\Delta t}\varepsilon_i = {}^t \varepsilon_i + \Delta \varepsilon_i, \quad {}^{t+\Delta t}\sigma_i = {}^t \sigma_i + \Delta \sigma_i \quad (4.44)$$

它们应该满足下面的条件：

（1）平衡方程：

$$^t\sigma_{ij,j} + \Delta\sigma_{ij,j} + {}^t\overline{F}_i + \Delta\overline{F}_i = 0 \quad (4.45)$$

（2）应变和位移的关系：

$$^t\varepsilon_{ij} + \Delta\varepsilon_{ij} = \frac{1}{2}({}^t u_{i,j} + {}^t u_{j,i}) + \frac{1}{2}(\Delta u_{i,j} + \Delta u_{j,i}) \quad (4.46)$$

（3）应力和位移的关系：

$$\Delta\sigma_{ij} = {}^\tau D_{ijkl}^{ep} \Delta\varepsilon_{ij} \quad (t \leqslant \tau \leqslant t + \Delta t) \quad (4.47)$$

（4）边界条件：

$$^t T_i + \Delta T_i = {}^t \overline{T}_i + \Delta \overline{T}_i \quad \text{在 } S_\sigma \text{ 上} \quad (4.48)$$

$$^t u_i + \Delta u_i = {}^t \overline{u}_i + \Delta \overline{u}_i \quad \text{在 } S_u \text{ 上} \quad (4.49)$$

其中

$$^t T_i = {}^t \sigma_{ij} n_j, \quad \Delta T_i = \Delta \sigma_{ij} n_j \quad (4.50)$$

在小变形的弹塑性分析中，除了本构关系外其他的方程和边界条件都是线性的，所以式（4.45）～式（4.50）除应力应变关系式（4.47）外均未作进一步的简化。如果 ${}^t u_i$，${}^t \varepsilon_{ij}$ 和 ${}^t \sigma_{ij}$ 已精确地满足时刻 t 的各个方程和边界条件，则可从上列方程和边界条件中消去它们。现在保留它们是数值求解的需要，经过一次迭代可避免解的漂移而精确满足求解方程和边界条件。而式（4.47）则是一种线性化的处理，$\Delta \sigma_{ij}$ 可以通过下列非线性关系积分得到

$$\Delta\sigma_{ij} = \int_t^{t+\Delta t} \mathrm{d}\sigma_{ij} = \int_t^{t+\Delta t} D_{ijkl}^{ep} \mathrm{d}\varepsilon_{kl} \quad (4.51)$$

式中 D_{ijkl}^{ep} 是 σ_{ij}，α_{ij}，$\overline{\varepsilon}^p$ 等的函数，而它们本身都是待求的未知量，所以将 $\Delta\sigma_{ij}$ 表示为式（4.44）是一种线性化的处理，取 ${}^\tau D_{ijkl}^{ep} = {}^t D_{ijkl}^{ep}$ 则是最简单的 Euler 法，在弹塑性有限元分析中称为起点切线刚度法。

应用增量形式的虚位移原理时，如果 $t+\Delta t$ 时刻的应力 ${}^t\sigma_{ij}+\Delta\sigma_{ij}$ 和体积荷载 ${}^t\overline{F}_i+\Delta\overline{F}_i$ 及边界荷载 ${}^t\overline{T}_i+\Delta\overline{T}_i$ 满足平衡条件，且几何协调条件的虚位移 $\delta\Delta u_i$ 在 V 内有 $\delta(\Delta\varepsilon_{ij})=\delta(\Delta u_{i,j}+\Delta u_{j,i})/2$，在上 S_u 有 $\delta(\Delta u_i)=0$，力系虚位移 $\delta\Delta u_i$ 上的总虚功为零，则

$$\int_V ({}^t\sigma_{ij}+\Delta\sigma_{ij})\delta(\Delta\varepsilon_{ij})\mathrm{d}V - \int_V ({}^t\overline{F}_i+\Delta\overline{F}_i)\delta(\Delta u_i)\mathrm{d}V - \\ \int_{S_\sigma} ({}^t\overline{T}_i+\Delta\overline{T})\delta(\Delta u_i)\mathrm{d}S = 0 \quad (4.52)$$

将式（4.47）代入可以得到

$$\int_V {}^\tau D^{ep}_{ijkl}\Delta\varepsilon_{kl}\delta(\Delta\varepsilon_{ij})\mathrm{d}V - \int_V \Delta\overline{F}_i\delta(\Delta u_i)\mathrm{d}V - \int_{S_\sigma} \Delta\overline{T}_i\delta(\Delta u_i)\mathrm{d}S \\ = -\int_V {}^t\sigma_{ij}\delta(\Delta\varepsilon_{ij})\mathrm{d}V + \int_V {}^t\overline{F}_i\delta(\Delta u_i)\mathrm{d}V + \int_{S_\sigma} {}^t\overline{T}_i\delta(\Delta u_i)\mathrm{d}S \quad (4.53)$$

表示为矩阵的形式则为

$$\int_V \delta\{\Delta\varepsilon\}^{\mathrm{T}}[{}^\tau D_{ep}]\{\Delta\varepsilon\}\mathrm{d}V - \int_V \delta\{\Delta u\}^{\mathrm{T}}\{\Delta\overline{F}\}\mathrm{d}V - \\ \int_{S_\sigma}\delta\{\Delta u\}^{\mathrm{T}}\{\Delta\overline{T}\}\mathrm{d}S \\ = -\int_V \delta\{\Delta\varepsilon\}^{\mathrm{T}}\{{}^t\sigma\}\mathrm{d}V + \int_V \delta\{\Delta u\}^{\mathrm{T}}\{{}^t\overline{F}\}\mathrm{d}V + \int_{S_\sigma}\delta\{\Delta u\}^{\mathrm{T}}\{{}^t\overline{T}\}\mathrm{d}S \quad (4.54)$$

基于增量形式虚位移原理有限元表达格式的建立步骤和一般全量形式完全相同，也是先将各单元内的位移增量表示成节点位移增量的插值形式

$$\{\Delta u\}=[N]\{\Delta a^e\} \quad (4.55)$$

再利用几何关系得到

$$\{\Delta\varepsilon\}=[B]\{\Delta a^e\} \quad (4.56)$$

将上面两式代入（4.54），由虚位移的任意性可得有限元的系统平衡方程

$$[{}^\tau K_{ep}]\{\Delta a\}=\{\Delta Q\} \quad (4.57)$$

式中 $[{}^\tau D_{ep}]$、$\{\Delta a\}$ 和 $\{\Delta Q\}$ 分别为系统的弹塑性刚度矩阵，增量位移向量和

不平衡力向量，它们由系统的每个单元集合而成，即有

$$[^{\tau}K_{ep}] = \sum_e [^{\tau}K_{ep}^e]$$

$$\{\Delta a\} = \sum_e \{\Delta a^e\}$$

$$\{\Delta Q\} = \{^{t+\Delta t}Q_l\} - \{^{t}Q_i\} = \sum_e \{^{t+\Delta t}Q_l^e\} - \sum_e \{^{t}Q_i^e\} \quad (4.58)$$

其中

$$[^{\tau}K_{ep}^e] = \int_{V_e} [B]^T [^{\tau}D_{ep}][B] dV$$

$$\{^{t+\Delta t}Q_l^e\} = \int_{V_e} [N]^T \{^{t+\Delta t}\overline{F}\} dV + \int_{S_{\sigma_e}} [N]^T \{^{t+\Delta t}\overline{T}\} dS$$

$$\{^{t}Q_i^e\} = \int_{V_e} [B]^T \{^{t}\sigma\} dV$$

式中 $\{^{t+\Delta t}Q_l\}$ 和 $\{^{t}Q_i\}$ 分别代表外加荷载向量和内力向量。所有 $\{\Delta Q\}$ 称为不平衡力向量。从（4.57）式解出 $\{\Delta a\}$，$\{\Delta\varepsilon\}$，$\{\Delta\sigma\}$ 之后，此时的外荷载和应力并没有平衡，需要通过迭代求解以求得新的满足收敛条件的 $\{\Delta a\}$，$\{\Delta\varepsilon\}$，$\{\Delta\sigma\}$。

4.6.3 黏弹塑有限元理论

材料非线性包含不依赖于时间的弹塑性问题和依赖于时间的黏性问题，弹塑性材料结构在荷载作用下，材料变形立即发生并且不再随时间变化，而黏性材料结构在荷载的作用下，材料不仅立即发生变化而且随时间的推移继续变化。高填方路堤加筋土黏弹塑性有限元理论分析包含了弹塑性和黏性，具体进行有限元分析时可在弹塑性有限元分析的基础上考虑与时间相关的材料黏性的影响。

在复杂应力状态下，总应变速率分为弹性应变速率和黏塑性应变速率：

$$\{\varepsilon\} = \{\varepsilon^e\} + \{\varepsilon^{vp}\} \quad (4.59)$$

式中　$\{\varepsilon\}$——总应变速率；

$\{\varepsilon^e\}$——弹性应变速率；

$\{\varepsilon^{vp}\}$——黏塑性应变速率。

应力速率$\{\sigma\}$可以表示为

$$\{\sigma\} = [D]\{\varepsilon^e\} \tag{4.60}$$

式中　$[D]$——弹性矩阵。

单向受力时，产生黏塑性变形的条件是

$$\sigma^p - \sigma^s = 0 \tag{4.61}$$

复杂应力状态下，开始产生黏塑性变形的屈服条件可以表示为

$$F(\sigma, \varepsilon^{vp}) - F_0 = 0 \tag{4.62}$$

上式成立时，将产生黏塑性变形。黏塑性应变速率的大小与当时的应力状态有关，硬化材料还与黏塑性应变值有关。为了简化计算通常假设改速率只与当时的应力状态有关，即有如下的函数

$$\{\varepsilon^{vp}\} = f(\{\sigma\}) \tag{4.63}$$

采用黏塑性流动法则

$$\{\varepsilon^{vp}\} = \gamma <\phi(F)> \left\{\frac{\partial Q}{\partial \sigma}\right\} \tag{4.64}$$

其中$Q = Q(\{\sigma\}, \{\varepsilon^{vp}\}, k)$，$Q$为塑性势；$\gamma$为流变系数，符号$<\ >$的意义为

$$<\phi(x)> = \begin{cases} \phi(x) & (x > 0) \\ 0 & (x \leqslant 0) \end{cases} \tag{4.65}$$

当采用关联流动法则，假定$Q \equiv F$可以得到

$$\{\varepsilon^{vp}\} = \gamma <\phi(F)> \left\{\frac{\partial Q}{\partial \sigma}\right\} = \gamma <\phi(F)> \{a\} \tag{4.66}$$

其中

$$\{a\} = \left\{\frac{\partial F}{\partial \sigma}\right\} = \left[\frac{\partial F}{\partial \sigma_x} \quad \frac{\partial F}{\partial \sigma_y} \quad \cdots \quad \frac{\partial F}{\partial \tau_{zx}}\right]^T \tag{4.67}$$

4.6 高填方路堤加筋土黏弹塑有限元理论分析

目前最常用的两种函数 ϕ 为

$$\phi(F) = e^{a(\frac{F-F_0}{F_0})} - 1 \; ; \quad \phi(F) = \left(\frac{F-F_0}{F_0}\right)^{\beta} \tag{4.68}$$

式中 a、β——常数。

对于黏塑性应变增量，把时间 t 分为一系列时间段，在时段 $\Delta t_n = t_{n+1} - t_n$ 内产生的应变增量可采用下式计算：

$$\{\Delta\varepsilon_n^{vp}\} = \{\varepsilon^{vp}(t_{n+1})\} - \{\varepsilon^{vp}(t_n)\} = \Delta t_n[(1-s)\{\varepsilon_n^{vp}\} + s\{\varepsilon_{n+1}^{vp}\}] \tag{4.69}$$

式（4.69）中 s 的不同取值导致不同的前差分法。

将式（4.53）中 $\{\varepsilon^{vp}\}$ 进行泰勒级数展开，忽略高阶项可以得到

$$\{\varepsilon_{n+1}^{vp}\} = \{\varepsilon_n^{vp}\} + [H_n]\{\Delta\sigma_n\} \tag{4.70}$$

其中

$$[H_n] = \frac{\partial\{\varepsilon^{vp}\}}{\partial\{\sigma\}}\bigg|_{t=t_n} \tag{4.71}$$

将式（4.70）带入式（4.62）中可以得到

$$\{\varepsilon_n^{vp}\} = \{\varepsilon_n^{vp}\}\Delta t_n + [C_n]\{\Delta\sigma_n\} \tag{4.72}$$

其中 $[C_n] = s\Delta t_n[H_n]$，矩阵 $[H_n]$ 可以写为

$$[H] = \frac{\partial\{\varepsilon^{vp}\}}{\partial\{\sigma\}} = \begin{bmatrix} \frac{\partial\{\varepsilon^{vp}\}}{\partial\sigma_x} & \frac{\partial\{\varepsilon^{vp}\}}{\partial\sigma_y} & \cdots & \frac{\partial\{\varepsilon^{vp}\}}{\partial\tau_{xy}} \end{bmatrix}$$

$$= \begin{bmatrix} \frac{\partial\varepsilon_x^{vp}}{\partial\sigma_x} & \frac{\partial\varepsilon_x^{vp}}{\partial\sigma_y} & \cdots & \frac{\partial\varepsilon_x^{vp}}{\partial\tau_{xy}} \\ \frac{\partial\varepsilon_y^{vp}}{\partial\sigma_x} & \frac{\partial\varepsilon_y^{vp}}{\partial\sigma_y} & \cdots & \frac{\partial\varepsilon_y^{vp}}{\partial\tau_{xy}} \\ \cdots & \cdots & \cdots & \cdots \\ \frac{\partial\gamma_{zx}}{\partial\sigma_x} & \frac{\partial\gamma_{zx}}{\partial\sigma_y} & \cdots & \frac{\partial\gamma_{zx}}{\partial\tau_{xy}} \end{bmatrix} \tag{4.73}$$

由式（4.70）可知

$$[H] = \gamma \left(\phi \frac{\partial \{a\}^T}{\partial \{\sigma\}} + \frac{d\phi}{dF} \{a\} \{a\}^T \right) \quad (4.74)$$

将屈服函数 F 代入上式可以得到矩阵 $[H]$，其屈服函数为

$$F = aI_1 + \sqrt{J_2} - k = 0 \quad (4.75)$$

其中 I_1 和 J_2 分别为应力张量的第一不变量和应力偏量的第二不变量，将其代入式（4.45）并通过变形可以得到

$$[H] = c_1[M_1] + c_2[M_2] \quad (4.76)$$

式中，$[M_1]$ 和 $[M_2]$ 为常数矩阵和应力矩阵，且有

$$c_1 = \gamma < \frac{\sqrt{3}}{2\sqrt{J_2}} \phi >, \quad c_2 = \gamma < \frac{3}{4J_2} \frac{d\phi}{dF} - \frac{\sqrt{3}\phi}{4J_2^{3/2}} > \quad (4.77)$$

利用 $\{\sigma_n\}$ 计算 J_2 和 $[M_2]$ 就可以得到 $t = t_n$ 时刻的 $[H_n]$。

对于黏弹塑性体的应力计算，在时间段 $\Delta t_n = t_{n+1} - t_n$ 内产生的应力增量为

$$\{\Delta \sigma_n\} = [D]\{\Delta \varepsilon_n^e\} = [D](\{\Delta \varepsilon_n\} - \{\Delta \varepsilon_n^{vp}\}) \quad (4.78)$$

将 $\{\Delta \varepsilon_n\} = [B]\{\Delta \delta_n\}$ 代入可以得到

$$\{\Delta \sigma_n\} = [D]\{\Delta \varepsilon_n^e\} = [D]([B]\{\Delta \delta_n\} - \{\Delta \varepsilon_n^{vp}\}) \quad (4.79)$$

将式（4.72）代入

$$\{\Delta \sigma_n\} = [D]\{\Delta \varepsilon_n^e\} = [D]([B]\{\Delta \delta_n\} - \{\varepsilon_n^{vp}\}\Delta t_n - [C_n]\{\Delta \sigma_n\}) \quad (4.80)$$

即有

$$\{\Delta \sigma_n\} = [\overline{D}_n]([B]\{\Delta \delta_n\} - \{\varepsilon_n^{vp}\}\Delta t_n) \quad (4.81)$$

其中

$$[\overline{D}_n] = ([I] + [D][C_n])^{-1}[D] = ([D]^{-1} + [C_n])^{-1} \quad (4.82)$$

在时间段 Δt_n 内的平衡条件为

$$\int [B]^T \{\Delta \sigma_n\} dV = \{\Delta P_n\} \quad (4.83)$$

将式（4.82）代入上式得到平衡方程

$$[K_n]\{\Delta\delta_n\} = \{\Delta P_n\} + \{\Delta P_n^{vp}\} \tag{4.84}$$

其中

$$[K_n] = \int([B]^{\mathrm{T}}[\bar{D}_n])[B]\mathrm{d}V \tag{4.85}$$

$$\{\Delta P_n^{vp}\} = \int([B]^{\mathrm{T}}[\bar{D}_n])\{\Delta\varepsilon_n^{vp}\}\Delta t_n \mathrm{d}V \tag{4.86}$$

式中　$[K_n]$——刚度矩阵；

$\{\Delta P_n^{vp}\}$——黏塑性应变增量引起的等效荷载增量；

$\{\Delta P_n\}$——外荷载增量。

对于由多个黏弹塑性模型组合而成的模型，其总应力可以表示为

$$\sigma = \sum_{j=1}^{m} s_j \sigma_j \tag{4.87}$$

式中　m——黏弹塑性型组合的个数；

σ_j——第 j 个黏弹塑性模型承受的应力；

s_j——第 j 个黏弹塑性模型的参与系数（加权系数），其和等于 1。

在时段 $\Delta t_n = t_{n+1} - t_n$ 内产生的应变增量为

$$\Delta\sigma_n = \sum_{j=1}^{m} s_j \Delta\sigma_{jn} \tag{4.88}$$

将其代入式（4.83），得到平衡条件

$$\int[B]^{\mathrm{T}}\{\sum_{j=1}^{m} s_j \Delta\sigma_{jn}\}\mathrm{d}V = \{\Delta P_n\} \tag{4.89}$$

有

$$[K_n]\{\Delta\delta_n\} = \{\Delta P_n\} + \{\Delta P_n^{vp}\} \tag{4.90}$$

其中

$$[K_n] = \sum_{j=1}^{m} s_j [K_{jn}] = \sum_{j=1}^{m} s_j \int([B]^{\mathrm{T}}[\bar{D}_{jn}])[B]\mathrm{d}V \tag{4.91}$$

$$\{\Delta P_n^{vp}\} = \sum_{j=1}^{m} s_j \{\Delta P_{jn}^{vp}\} = \sum_{j=1}^{m} s_j \int ([B]^T [\overline{D}_{jn}]) \{\Delta \varepsilon_n^{vp}\} \Delta t_n dV \qquad (4.92)$$

由式（4.81）可以解出位移增量 $\{\Delta \delta_n\}$，代入式（4.73）可求得应力增量 $\{\Delta \sigma_n\}$，从而有

$$\{\delta_{n+1}\} = \{\delta_n\} + \{\Delta \delta_n\} \qquad (4.93)$$

$$\{\sigma_{n+1}\} = \{\sigma_n\} + \{\Delta \sigma_n\} \qquad (4.94)$$

由式（4.78）可知

$$\{\Delta \varepsilon_n^{vp}\} = \{\Delta \varepsilon_n\} - [D]^{-1}\{\Delta \sigma_n\} = [B]\{\Delta \delta_n\} - [D]^{-1}\{\Delta \sigma_n\} \qquad (4.95)$$

因而

$$\{\varepsilon_{n+1}^{vp}\} = \{\varepsilon_n^{vp}\} + \{\Delta \varepsilon_n^{vp}\} \qquad (4.96)$$

黏塑性应变速率 $\{\dot{\varepsilon}^{vp}\}$ 是由式（4.65）计算的，当各积分点的黏塑性应变速率均等于零时，表示变形已经稳定，可停止计算。

在任意时刻 t，应力状态都应满足平衡方程

$$\int [B]^T \{\sigma\} dV - \{P\} = 0 \qquad (4.97)$$

由于线性化所带来的误差，计算得到的应力 $\{\sigma_{n+1}\}$ 不一定满足上述平衡条件，而且这种误差是会积累的，为了避免这种误差的产生，可以采用下式计算不平衡力：

$$\{\psi_{n+1}\} = \int [B]^T \{\sigma_{n+1}\} dV - \{P_{n+1}\} = 0 \qquad (4.98)$$

然后在下一步计算时，把上式中的不平衡力合并到荷载增量中。

对于每一时段，计算步骤如下：

第 1 步，已知 $\{\delta_n\}$、$\{\sigma_n\}$、$\{\varepsilon_n\}$、$\{\varepsilon_n^{vp}\}$、F_n，计算下列各量：

$$[C_n] = s\Delta t_n [H_n]$$

$$[\overline{D}_n] = ([D]^{-1} + [C_n])^{-1}$$

$$[K_n] = \int ([B]^T [\overline{D}_n])[B] dV$$

$$\{\dot{\varepsilon}_n^{vp}\} = \gamma <\phi> \{a\}$$

$$\{\Delta P_n^{vp}\} = \int ([B]^\mathrm{T}[\bar{D}_n])\{\varepsilon_n^{vp}\}\Delta t_n \mathrm{d}V$$

$$\{\Psi_{n+1}\} = \int [B]^\mathrm{T}\{\sigma_n\}\mathrm{d}V$$

第2步，由下式解出位移增量 $\{\Delta\delta_n\}$：

$$\{\Delta\delta_n\} = [K_n]^{-1}(\{\Delta P_n\} + \{\Delta P_n^{vp}\} + \{\Psi_n\})$$

计算应力 $\{\Delta\sigma_n\}$、$\{\delta_{n+1}\}$，$\{\sigma_{n+1}\}$ 如下：

$$\{\Delta\sigma_n\} = [\bar{D}_n]([B]\{\Delta\delta_n\} - \{\varepsilon_n^{vp}\}\Delta t_n)$$

$$\{\sigma_{n+1}\} = \{\sigma_n\} + \{\Delta\sigma_n\}$$

$$\{\delta_{n+1}\} = \{\delta_n\} + \{\Delta\delta_n\}$$

第3步，按下式计算 $\{\varepsilon_{n+1}^{vp}\}$：

$$\{\varepsilon_{n+1}^{vp}\} = \gamma <\phi> \{a_{n+1}\}$$

第4步，检查各个积分点的黏弹性应变速率 $\{\varepsilon_{n+1}^{vp}\}$，如果其数值均已接近于零，停止计算。否则转至第1步进行循环计算。

4.6.4 非线性平衡方程求解方法

有限元非线性分析最终可得到一组非线性平衡方程，其增量形式为

$$[K]\{\Delta u\} = \{\Delta P\} \tag{4.99}$$

其中 $\{\Delta u\}$、$\{\Delta P\}$ 为位移、荷载增量，$[K]$ 为切线刚度矩阵，方程的求解方法主要有下面几种：

1. 增量法

增量法的基本原理是将荷载划分为许多小的部分和增量，每次施加一个荷载增量，在施加荷载增量期间假设方程是线性的。对于每一级加载求出对应荷载增量的位移增量，把这些增量加起来就可以得到结构所施加的总位移，如图4.17（a）所示。

2. Newton-Raphson 方法

增量法在每一个荷载步内没有进行迭代，所以它将产生累积误差，如果在荷载的每一个增量步长内进行若干次迭代，不仅可以减少总的荷载增量步数量，还可对每一增量步完成后的平衡进行演算以提高计算的精度，即图4.17（b）所示的 Newton-Raphson 方法。对于在增量步长内

进行迭代的技术，除了要保证迭代过程的收敛外，还要解决如何确定每一荷载的增量步长。在增量-迭代技术中，荷载的增量步长既可像上述增量法中那样事先给定，也可把荷载增量的大小作为一个未知量，引入一个附加的条件来加以决定，附加条件的不同取法就构成了不同的增量-迭代方法。

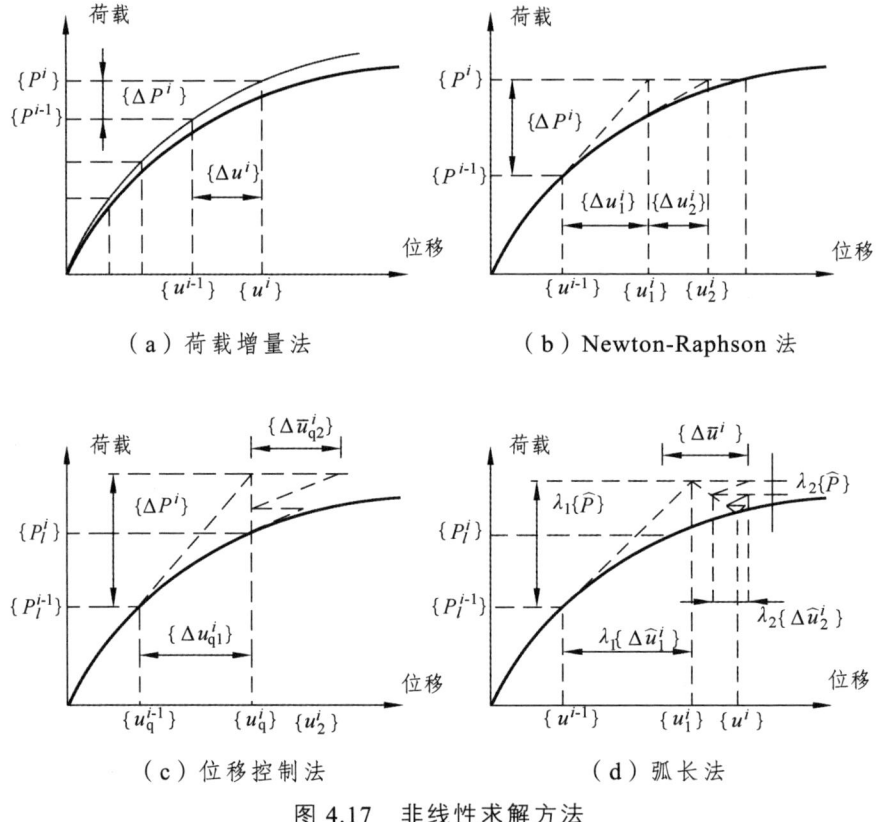

图 4.17　非线性求解方法

3. 位移控制法

为了克服 Newton-Raphson 法不能通过荷载-位移曲线极值点的缺陷，位移控制法选择结构上某个关键点的某个关键位移分量作为位移控制量，将这个位移进行增量，通过迭代求解荷载增量。图 4.17（c）给出了位移控制法的迭代收敛过程。

4. 弧长法

弧长法适合于结构全过程分析中通过极值点的求解，能够自动调节增量步长，跟踪各种复杂的非线性全过程。图 4.18（d）给出了弧长法的收敛过程示意图，在迭代和收敛过程中荷载和位移都在变化，由弧长参数来控制荷载和位移在每一个迭代步长内的增量变化。

4.6.5 二次开发及结果分析

本书欲借助有限元通用软件 ANSYS10.0 进行数值模拟黏弹性和黏弹塑性高填方路堤加筋土的长期工作性能，并与离心模型试验进行对比分析，更好地说明加筋路堤边坡的特性。但在运用 ANSYS10.0 计算过程中，没有现成的黏弹塑性模型，为此进行二次开发。

基于上述黏弹塑性有限元理论，选用 Drucker-Prager 弹塑性模型来模拟填土及 Kelvin 黏弹性模型来模拟筋材，结合 St.Venant 流变模型（即由 Hooke 弹性体、Bingham 黏塑性体串联而成），并在此基础上将 Bingham 黏塑性体改进为黏弹塑性体，将增量法与初应变迭代法相结合，模拟逐层填筑过程和分级加载非线性过程，以达到 ANSYS 二次开发的目的。

在计算过程中将弹性-黏弹性一体化单元加入 ANSYS 单元库，利用 ANSYS 建模、网格划分，对结构刚度、质量矩阵进行非线性的迭代计算。在矩阵数据运算时将随时间的黏性计入，再将这些计算结果返回 ANSYS 后处理，实现结构的图形显示和数据提取，具体的计算流程如图 4.18 所示。

1. 加筋土黏弹塑有限元计算模型

根据填筑过程与筋材布置方式建立高填方路堤加筋土有限元计算模型，土体采用四节点等参单元模拟，土工网采用杆单元模拟，在填土与筋材之间设置界面单元。节点总数为 3 513，单元总数为 1 906，其中土体单元数为 1 128，筋材杆单元为 225，界面单元为 553。加筋土底部为铰支座，路堤中央土体的边界采用水平约束条件，路堤外侧和土侧的边界为自由边界条件，如图 4.19 所示。

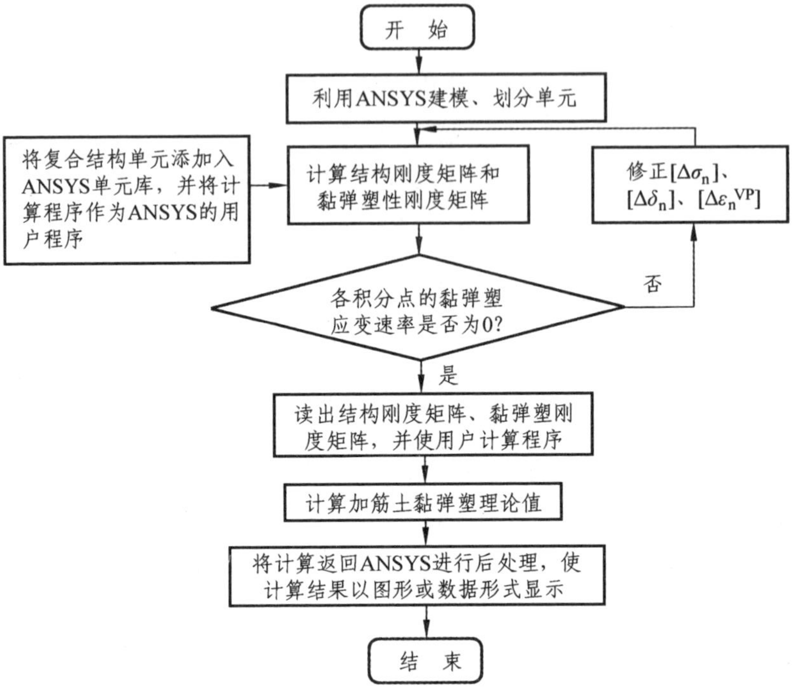

图 4.18 有限元分析计算流程

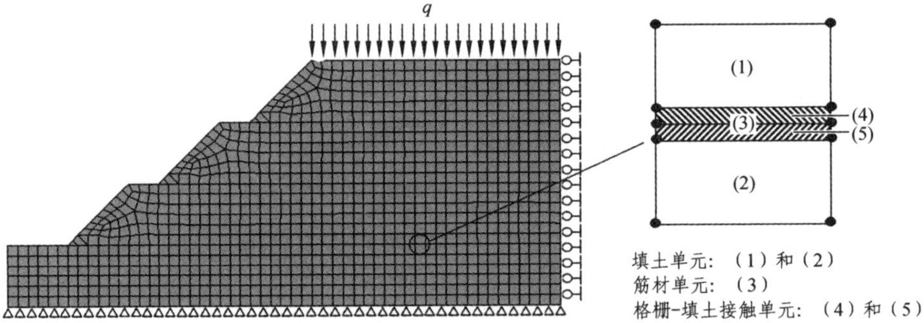

图 4.19 高填方路堤加筋土有限元计算模型

填土单元：(1)和(2)
筋材单元：(3)
格栅-填土接触单元：(4)和(5)

在非线性有限元计算中，将整个填筑与加载过程分成 2 个阶段，即填筑完成阶段和分级施加均布荷载阶段。

对于上述各个指定阶段的变形与应力状态进行分析，按照与试验中相同的处理方式，在顶部沉降与边坡侧向变形中扣除了填筑完成时的计算变形值。图 4.20 给出了典型工况下高填方路堤加筋土的变形。

4.6 高填方路堤加筋土黏弹塑有限元理论分析

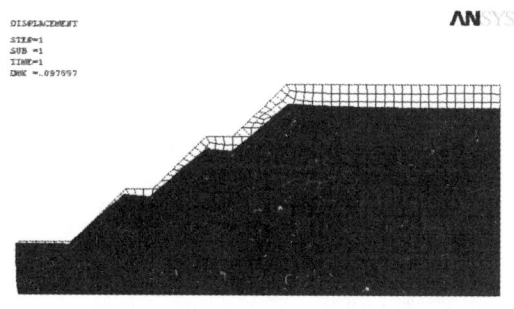

（a）整体沉降

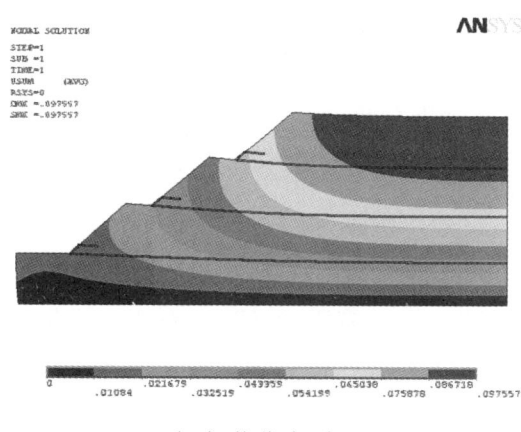

（b）整体变形

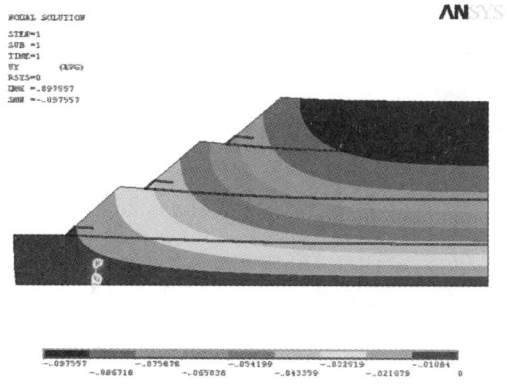

（c）竖向变形

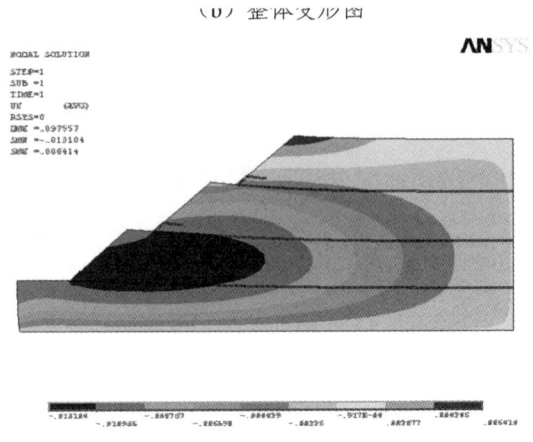

（d）水平变形

图 4.20　高填方路堤加筋土有限元计算模型

2. 试验与理论对比分析

红砂岩填料的物理参数从本书第二章获得，即液限与塑限分别为 w_L = 31% 与 w_P = 17%，塑性指数为 I_p = 14，重度为 γ = 18.91 kN/m³，天然含水量为 w = 4.7%，干容重为 γ_d = 21.7 kN/m³，泊松比 υ = 0.35。

由于本书旨在借助上述有限元理论，以离心模型试验获得的实测值为衡量标准，对加筋土黏弹性模型和黏弹塑模型进行定性的对比，从而揭示哪一种模型理论值的变化趋势更接近实测值。为此，通过基于 Levenberg-Marqurdt 和全局优化问题的最优化求解理论来求解其模型参数。最优化问题的全局最优化解：

$$f(x^*) \leqslant f(x) \quad (4.100)$$

式中，$x^* \in D$，$\forall x \in D$。此时，称满足上式的 x^* 为 f 在 D 上的一个全局最优化解，$f(x^*)$ 为 f 在 D 上的全局极小值，并分别记为 $x^* \in \arg\min f(D)$ 和 $\min f(D)$。

外逼近法是求解全局最优化问题最重要的一种方法，而求解上问题的外逼近法就是用较简单的松弛问题逐步逼近原问题，即

$$\min f(x) \quad (s, \ t, \ x \in D_k) \quad (4.101)$$

4.6 高填方路堤加筋土黏弹塑有限元理论分析

其中 D_k 满足以下基本条件：$R^n \supset D_0 \supset D_1 \supset \cdots \supset D$，$\lim\limits_{k \to \infty} \min f(D_k) = \min f(D)$。

其基本计算过程为：

（1）取 $D_0 \supset D$，令 $k = 0$；

（2）得其解 $x^k \in \arg\min f(D_k)$；

（3）如 $x^k \in f(D_k)$，则得解 $x^* = x^k$，否则按如下方式构造 D_{k+1}

$$D_{k+1} = D_k \cap \{x | l_k(x) \leq 0\}, \quad (4.102)$$

式中，$l_k(x^k) > 0$，$l_k(x) \leq 0$，$\forall x \in D$。令 $k = k+1$，转入上述第（2）步，如此循环，实现误差最小化。

误差分别用均方差 RMSE、残差平方和 SSE、相关系数 R 来表述，如：

$$\text{RMSE} = \sqrt{\frac{\sum_{i=1}^{n} \alpha_i^2}{n}} = \sqrt{\frac{\sum_{i=1}^{n}(t_i - t)^2}{n}} \quad (4.103)$$

$$\text{SSE} = \sum_{i=1}^{n}(t_i - \overline{t})^2 \quad \left(\overline{t} = \frac{1}{n}\sum_{i=1}^{n} t_i\right) \quad (4.104)$$

$$R = \frac{\text{cov}(t, y)}{\sqrt{D(t)}\sqrt{D(y)}} \quad [\text{cov}(x, y) \text{为协方差}] \quad (4.105)$$

运用上述最优化求解过程最后得到模型参数：$E_1 = 165$ kPa，$E_2 = 397$ kPa，$E_3 = 566$ kPa，$\eta_2 = 4\,954$ kPa·d，$\eta_3 = 1\,325$ kPa·d，屈服强度 $\sigma_s = 350$ kPa。

（1）各观测点土体侧向变形的理论值与实测值求解误差如表 4.4。

表 4.4 土体侧向变形模型参数求解误差

土层编号	黏弹塑性模型			黏弹性模型		
	均方差 RMSE	残差平方和 SSE	相关系数 R	均方差 RMSE	残差平方和 SSE	相关系数 R
第 3 层	0.270	3.256	0.994	0.353	3.891	0.990
第 4 层	0.633	22.113	0.961	0.842	24.556	0.958

（2）各观测点土体竖向变形的理论值与实测值求解误差如表 4.5。

表 4.5　土体竖向变形模型参数求解误差

土层编号	黏弹塑性模型			黏弹性模型		
	均方差 RMSE	残差平方和 SSE	相关系数 R	均方差 RMSE	残差平方和 SSE	相关系数 R
第 2 层	0.268	2.995	0.997	0.285	3.132	0.994
第 3 层	0.348	12.878	0.986	0.454	15.007	0.980
第 4 层	0.511	19.660	0.973	0.889	30.547	0.941

（3）各观测点周围土体变形理论值与实测值求解误差如表 4.6。

表 4.6　各观测点周围土体变形模型参数求解误差

土层编号	黏弹塑性模型			黏弹性模型		
	均方差 RMSE	残差平方和 SSE	相关系数 R	均方差 RMSE	残差平方和 SSE	相关系数 R
第 2 层	0.273	3.348	0.993	0.286	4.133	0.991
第 3 层	0.340	10.993	0.992	0.401	14.779	0.984
第 4 层	0.487	17.660	0.978	0.805	27.711	0.967

基于上述二次开发并运用有限元理论，得到加筋土理论计算与实测结果的对比曲线，如图 4.21～图 4.23 所示。

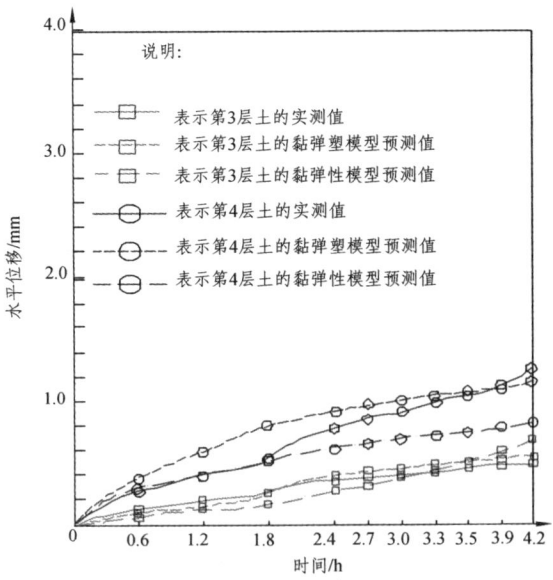

图 4.21　各观测点土体侧向变形的理论值与实测值对比

4.6 高填方路堤加筋土黏弹塑有限元理论分析

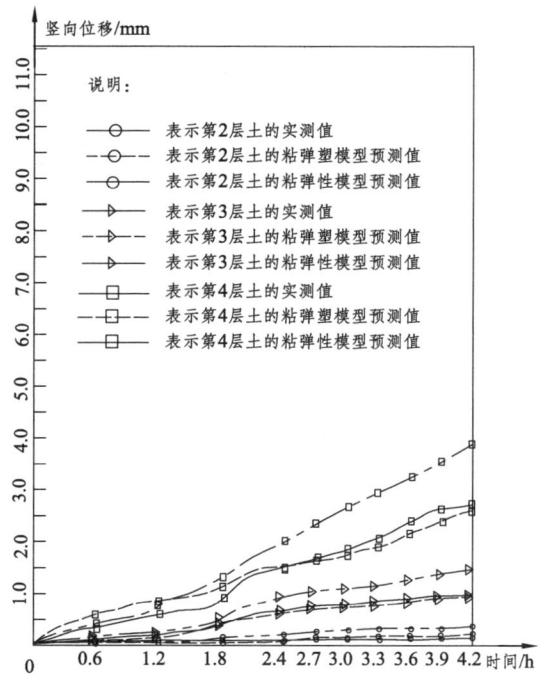

图 4.22 各观测点土体竖向变形的理论值与实测值对比

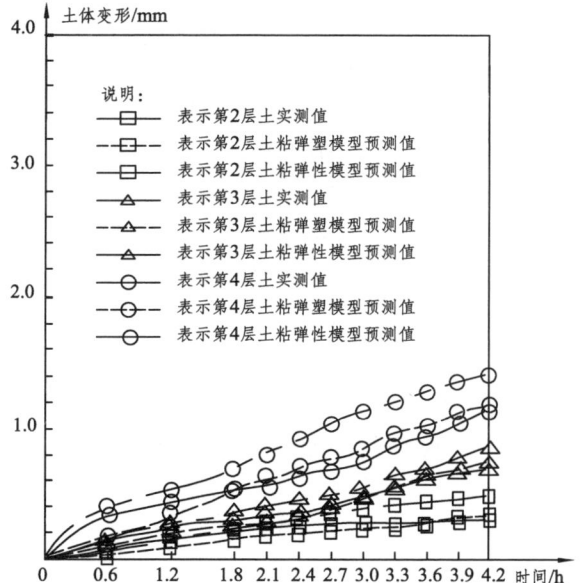

图 4.23 各观测点周围土体变形的理论值与实测值对比

从表 4.4 ~ 表 4.6 及图 4.21 ~ 图 4.23 可知，同实测值相比，黏弹塑模型及黏弹性模型所得到的理论值均不同程度的存在误差，但总体来看，黏弹塑模型的理论值对比实测值，在误差及一致性方面明显比黏弹性模型要好，由此说明黏弹塑模型更能反映加筋土的力学特性和变形特点。

4.7 本章小结

本章分析了两种加筋土体力学机理的特点，并假设加筋土是土与筋材组成的各向异性复合材料，由此认为土体是满足 Mohr-Coulomb 准则的弹塑性材料，而土工合成材料是一种黏弹性材料，从而建立了土工合成材料黏弹性及黏弹塑性特性的两种加筋土体本构模型，并通过离心模型试验和现场试验充分说明加筋土技术对减少高填方路基的不均匀沉降，从而提高路基的稳定性非常有效；此外，通过数值分析揭示黏弹塑性模型更能反映加筋土的力学特性。结论如下：

（1）加筋土中土工合成材料的微观应力不仅与加筋土体所受的外力有关，还与所选的土工合成材料特性、土的特性以及时间的变化有关。当土体进入塑性状态后，土工合成材料应力保持不变，此时主要表现出蠕变性，导致加筋土体的塑性应变随时间而增加。

（2）离心模型试验揭示加筋土的变形明显小于未加筋土的变形，且前者的应力分布更加均匀；同时加筋土的侧向变形比未加筋土的侧向变形要少得多。土工合成材料在控制路堤的不均匀沉降方面效果更加的明显，能有效地抑制裂缝的产生和发展；土工合成材料不仅能有效地减少土体内部的压力，而且使土压力的分布也更加的均匀。最后得出加筋土体边坡的破坏是渐进的，即为变形阶段、裂缝产生阶段、局部剪切破坏阶段和完全破坏阶段。

（3）基于加筋土体力学机理的特点，建立了有关加筋土黏弹性及黏弹塑特性的二种本构模型，并通过 ANSYS10.0 数值分析和试验验证，揭示本书提出的黏弹塑性型比以往的黏弹性模型更能反映加筋土的力学特性。

5

动力强夯控制高填路堤非均匀沉降试验分析及技术研究

5.1 研究目的

本章在分析动力强夯变形机理的基础上,利用强夯室内模型试验,分析了不同参数对强夯加固效果的影响,并与现场实测数据及数值分析三者相互验证,再一次证实动力强夯对减少高填方路堤非均匀沉降的有效性及其影响因素。

5.2 研究内容

动力强夯变形机理:关于强夯法加固路基的机理,目前国内外尚未形成统一的看法,本书从动力夯实的角度出发,对影响强夯效果的主要因素进行重点分析。

室内强夯试验及现场强夯试验:室内试验简单、经济,而现场强夯试验虽然成本高、造价贵,但试验数据更加符合实际,揭示的规律更加有代表性,所以,本书以现场大型强夯试验为主,同时开展室内试验。通过现场强夯试验来检验和修正室内试验的结论,使其具有理论意义。

强夯对工后沉降的影响分析:通过选取典型断面布置观测点,从获取的沉降数据中对比强夯对工后沉降的影响程度和影响效应。

强夯大变形数值分析:本书将有限元法运用到强夯研究中,并将汽车碰撞动力效应模拟用来分析高路堤的稳定性,使用美国 ANSYS 公司的大型有限元分析软件 ANSYS8.1 进行前后处理和碰撞接触计算。以常吉高速公路红砂岩碎石土路基为研究对象,研究和分析碎石土路基在强夯冲击力作用下的动力响应以及变形情况。

5.3 动力强夯变形机理

对非饱和土,尤其是孔隙多、颗粒粗大的土,巨大的夯击能量所产生的冲击波和动应力在土中传播,颗粒破碎或使颗粒产生瞬间的相对运动,致使土体孔隙中的气体迅速排出或压缩,孔隙体积减小,从而使路基土形成较密实的结构。

5.3 动力强夯变形机理

由此得到动力强夯的特点是将机械能转换为势能,再变为动能作用于土体。把土体视为弹塑性体,巨大的冲击能使质点在连续介质内产生振动,从而引起周围介质的振动。这个振动过程形成面波和体波[132]。

纵波与横波的传播速度理论上可以用下列公式计算:

$$V_p = \sqrt{\frac{E(1-\mu)}{\rho(1+\mu)(1-2\mu)}} \quad (5.1)$$

$$V_z = \sqrt{\frac{E}{\rho(1+\mu)}} = \sqrt{\frac{G}{\rho}} \quad (5.2)$$

式中 V_p ——纵波速度(m/s);

V_z ——横波速度(m/s);

E ——介质弹性模量(kPa);

G ——剪切模量(kPa);

ρ ——介质密度(kN/m³);

μ ——介质泊松比。

强夯加固机理涉及以下几个方面:夯击传递规律;土体瞬时变形;应力-应变的动本构关系;孔隙水压力变化、消散规律及强夯后土体强度的恢复问题。

本章采用非完全弹性碰撞半空间强夯模型[133-134],用来分析强夯的冲击过程及强夯作用下土体的冲击应力和变形规律。

5.3.1 夯锤与土体的非完全弹性碰撞

设质量为 m_1 的物体向质量为 m_2 的物体碰撞,m_1 和 m_2 两物体接触前(瞬间)两质心的速度分别为 v_{11} 和 v_{21},碰撞接触后(瞬间)速度分别为 v_{12} 和 v_{22}。根据动量守恒有:

$$m_1 v_{11} + m_2 v_{21} = m_1 v_{12} + m_2 v_{22} \quad (5.3)$$

其速度变化关系式为

$$R_c = \frac{v_{22} - v_{12}}{v_{11} - v_{21}} \quad (5.4)$$

式中 R_c——恢复系数。

当 $0 < R_c < 1$ 时,土体为非完全弹性碰撞,其特点为变形部分恢复,动量守恒,动能不守恒。联立式(5.3)、式(5.4)式解得

$$v_{12} = v_{11} - (R_c + 1)\frac{m_2}{m_1 + m_2}(v_{11} - v_{21}) \tag{5.5}$$

由夯锤振动系统的 $v_{11} = \dot{u}(t)_{t=0^-} = \sqrt{2gH}$,$v_{21} = 0$,得

$$v_{12} = \frac{m_1 - m_2 R_c}{m_1 + m_2} \cdot v_{11} \tag{5.6}$$

强夯是夯锤与受影响土体的能量转换和传递的过程,应力状态的高速变化和阻尼黏滞力使发生的应变与位移滞后于应力,上述 v_{12} 不应是接触前的速度 $v_{11} = \dot{u}(t)_{t=0^-}$,而应为夯锤与半空间表面土体接触后夯锤的速度,即形变过程初速度[135]。

5.3.2 动力平衡方程式的建立

离地面高度 H 的物体 m_1 向下做自由落体运动,在地表与地基半空间碰撞,并在半空间表面做自由振动,这种瞬态振动可用一个最基本的"振型"来描述[136]。将地基简化为阻尼-弹簧体系,假设地基竖向阻尼系数为 c_z,地基竖向弹簧系数为 k_z,其值分别为[137-138]:

$$k_z = \frac{4Gr_0}{1-\mu}, \quad c_z = \frac{3.4r_0^2\sqrt{G\rho}}{1-\mu}$$

其中 r_0——夯锤的半径;

G、ρ、μ——分别为半空间的剪切模量、质量密度和泊松比。

则夯锤的动力平衡方程式为

$$m_1\frac{d^2u(t)}{dt} = -c_z\frac{du(t)}{dt} - k_z u(t) \tag{5.7}$$

将式(5.7)整理后得:

$$m_1 u(t) + c_z u(t) + k_z u(t) = 0 \tag{5.8}$$

若令无阻尼圆频率 $\omega_n = \sqrt{k_z/m_1}$，$\lambda = c_z/(2m_1)$，则式（5.8）可转化为

$$u(t) + 2\lambda \dot{u}(t) + \omega_n^2 u(t) = 0 \tag{5.9}$$

对于欠阻尼系统上式的通解为

$$u(t) = Ae^{-\lambda t}\sin(\omega_d t + \phi) \tag{5.10}$$

5.3.3 动力平衡方程式的求解

将初始位移条件为 $u(t)_{t=0} = 0$，初速度条件为 $\dot{u}(t)_{t=0^+} = v_{12}$ 代入式（5.10），求解待定系数后得到

$$u(t) = Ae^{-2\pi\gamma f_n t}\sin(2\pi f_d t)$$

式中　　$f_n = \dfrac{1}{2\pi}\sqrt{\dfrac{4Gr_0}{m_1(1-\mu)}}$，$f_d = f_n\sqrt{1-\gamma^2}$，

$$A = v_{12}\sqrt{\dfrac{m_1(1-\mu)}{4Gr_0(1-\gamma^2)}}，\quad \gamma = 0.85\sqrt{\dfrac{\rho r_0^2}{m_1(1-\mu)}} \tag{5.11}$$

式中　A——最大振幅；

f_n, f_d——无阻尼、有阻尼时的固有频率；

γ——阻尼比。

通常阻尼比 γ 较小，若不考虑阻尼的影响，则 $f_n = \dfrac{1}{2\pi}\sqrt{\dfrac{4Gr_0}{m_1(1-\mu)}} = f_d$，$A = v_{12}\sqrt{\dfrac{m_1(1-\mu)}{4Gr_0}}$，与钱家欢的弹性模型相同。

由于强夯作用时间很短（只有几十毫秒），$e^{-2\pi\gamma f_n t} \approx 1$，式（5.11）可简化为

$$u(t) = A\sin(2\pi f_d t) \tag{5.12}$$

其中　　$f_d = \dfrac{1}{2\pi}\sqrt{\dfrac{4Gr_0(1-\gamma^2)}{m_1(1-\mu)}} \tag{5.13}$

令 $\xi = v_{12}/v_{11}$，ξ 的值可由式（5.6）计算，而 $v_{11} = \sqrt{2gH}$，所以

$$A = \xi\sqrt{\frac{m_1 gH(1-\mu)}{2Gr_0(1-\gamma^2)}} \qquad (5.14)$$

根据土的性质，剪切模量 $G = \dfrac{E}{2(1+\mu)}$，E 为土体的变形模量，代入式（5.13）和式（5.14）可得

$$f_d = \frac{1}{2\pi}\sqrt{\frac{2Er_0(1-\gamma^2)}{m_1(1-\mu^2)}} \qquad (5.15)$$

$$A = \xi\sqrt{\frac{m_1 gH(1-\mu^2)}{Er_0(1-\gamma^2)}} \qquad (5.16)$$

从上式可得，强夯所产生的振动幅值与冲击能的平方根成正比，与夯锤底面半径及土体变形模量的平方根成反比，而振动主频与落高 H 无关，与 $\sqrt{r_0/m}$ 及土体变形模量的平方根成正比。

5.3.4 强夯作用下土体变形分析

由式（5.13）可知，强夯的加载历时为

$$t_0 = 1/(4f_d) = \frac{\pi}{2}\sqrt{\frac{m_1(1-\mu^2)}{2Er_0(1-\gamma^2)}}$$

此时，土体位移达到最大，

$$u_{\max} = A = \xi\sqrt{\frac{m_1 gH(1-\mu^2)}{Er_0(1-\gamma^2)}} \qquad (5.17)$$

令卸荷阶段土体的变形模量为 E_{su}，则土体的卸荷回弹量为

$$u' = A' = \xi\sqrt{\frac{m_1 gH(1-\mu^2)}{E_{su}r_0(1-\gamma_{su}^2)}}$$

其中，$\gamma_{su} = 0.85\sqrt{\dfrac{\rho' r_0^2}{m_1(1-\mu)}}$，$\rho'$ 为卸荷阶段土体的密度。

由于土体的阻尼比 γ 较小，且加载阶段和卸荷阶段之间的 γ 变化不大，忽略阻尼比 γ 变化的影响，则

$$u' = A' = \xi\sqrt{\frac{m_1 gH(1-\mu^2)}{E_{su} r_0 (1-\gamma^2)}} \quad (5.18)$$

卸荷时振动频率

$$f_d' = \frac{1}{2\pi}\sqrt{\frac{2E_{su} r_0 (1-\gamma^2)}{m_1 (1-\mu^2)}} \quad (5.19)$$

卸荷历时

$$t' = 1/(4f_d') = \frac{\pi}{2}\sqrt{\frac{m_1 (1-\mu^2)}{2E_{su} r_0 (1-\gamma^2)}} \quad (5.20)$$

所以，在一次夯击完成后，土体的残余沉降为

$$u_p = u_{max} - u' = A - A' = \xi\sqrt{\frac{m_1 gH(1-\mu^2)}{E r_0 (1-\gamma^2)}}\left(1 - \sqrt{\frac{E}{E_{su}}}\right) \quad (5.21)$$

通过对工程实例的总结分析，一般地基土的加、卸载模量比的经验范围可取为 $\dfrac{E}{E_{su}} = 7 \sim 8$。

5.3.5 强夯作用下冲击应力分析

从夯锤的运动方程（5.12）出发可得到夯锤的加速度时程关系：

$$\ddot{u}(t) = (2\pi f_d)^2 A \sin(2\pi f_d t) \quad (5.22)$$

夯锤向下做自由落体运动，在地表与路基半空间碰撞产生冲击应力，若将锤底应力简化为均匀分布，则强夯夯锤对路基的冲击应力为

$$\sigma_d(t) = \frac{m_1}{\pi \cdot r_0^2}[(2\pi f_d)^2 A \sin(2\pi f_d t) - g] \quad (5.23)$$

其中，g 为重力加速度，其他符号同前；f_d、A 计算见式（5.15）和式（5.16）。冲击应力的峰值为

$$\sigma_{d\max} = \frac{m_1}{\pi \cdot r_0^2}[(2\pi f_d)^2 A - g] \qquad (5.24)$$

冲击加速度和冲击应力不仅考虑了夯锤（锤重、底面积、落距）和路基土物理力学性质（变形模量、土体密度、泊松比）的影响，还考虑了夯锤与土体之间的相互作用（参振土体、恢复系数），其表达式分别为

$$u(t) = f\left(\underbrace{m_1, H, r_0}_{\text{夯锤}}, \underbrace{E, \rho, \mu}_{\text{路基土}}, \underbrace{R_c, m_2}_{\text{共同作用}}\right)$$

$$\sigma_d(t) = f\left(\underbrace{m_1, H, r_0}_{\text{夯锤}}, \underbrace{E, \rho, \mu}_{\text{路基土}}, \underbrace{R_c, m_2}_{\text{共同作用}}\right) \qquad (5.25)$$

可见，影响强夯效果的主要因素包括夯锤质量 m、锤底面积 A、落距 H、路基土变形模量 E、土体密度 ρ、泊松比 υ，夯击次数可由夯实效果及单击控制夯沉量反映出来。

5.4 室内试验

5.4.1 试验目的

结合江西省武吉高速公路及湖南省常吉高速公路强夯处治技术，以红砂岩碎石土高填方路堤为研究对象，分析击实功、落距、夯击次数、锤重、锤底直径、模型尺寸对强夯效果的影响，并将进一步定量分析加固深度、加固半径，以此探讨强夯机理。

5.4.2 试验装置

按 1∶20 的缩尺比例，选用 3 种不同直径（ϕ15 cm、ϕ20 cm、ϕ30 cm）的击实筒（如图 5.1）依次编号为 Ⅰ、Ⅱ、Ⅲ，且高度必须大于 30 cm。使用 2 种形状不同的重锤，其重均为 2 kg，直径分别为 ϕ10 cm 和 ϕ5 cm，落高 30 cm 进行单点夯击（按缩尺比换算对应现场的夯击能为 960 kN·m）。

图 5.1　3 种不同直径的击实筒

5.4.3　试验方法及过程

本试验使用江西省武吉高速公路及湖南常吉高速公路红砂岩碎石土制作土样并分层压实，使其夯实前的压实度达到 90%。

土样层与层之间撒满白色的碎纸片（如图 5.2），每一个土样均埋设布 4 层，在每一层的表面均匀撒上纸片，每一层压实厚度约 7.5 cm，土层分别编号为表层、第一层、第二层、第三层等，保证击实后最后一层与表层的厚度不小于 30 cm，相当于实际的 6 m。将强夯后的土样脱模切成两半，便可直观地观察到各分层处夯实形状、夯实效果、影响深度及影响半径，如图 5.3 所示。

图 5.2　层与层之间撒满白色的碎纸片

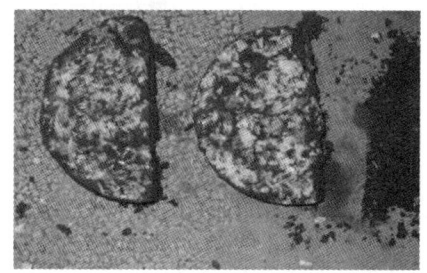

图 5.3　各分层处夯实形状

强夯前在土样表面埋设钉子，用来测试表层土的夯实情况，即每一次强夯后锤底的沉降量和夯锤周边土体的沉降和隆起值，如图 5.4 所示。

在试验过程中，利用穿孔的定位板严格控制落距和落点位置，保证每一次夯击均落在同一位置，如图 5.5 所示。

图 5.4　强夯前在土样表面埋设钉子　　图 5.5　夯点位置和锤底沉降量

5.4.4　试验结果

表层点位分布及其编号如图 5.6 所示，所有点关于圆心对称。

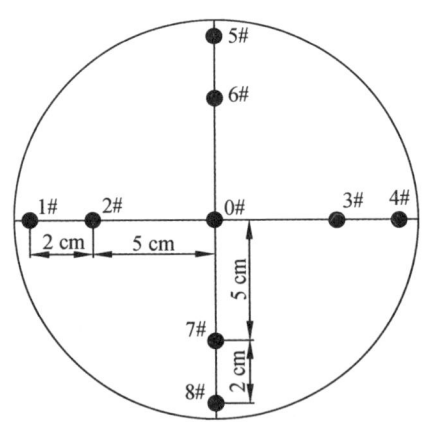

图 5.6　Ⅰ 模型表层点位分布及其编号

对于直径分别为 15 cm、20 cm、30 cm 的 Ⅰ 模型、Ⅱ 模型、Ⅲ 模型，同时制作了 3 个土样总计 9 个试样，将试验结果取其平均值列入表 5.1 ~ 表 5.5，并绘制成图 5.7 ~ 图 5.11。

5.4 室内试验

表 5.1　Ⅰ模型表层点竖向位移　　　　　单位：mm

点位		1	2	3	4	0	5	6	7	8
夯击次数	1	−1.0	−2.0	−2.0	−1.0	−8	−1.0	−2.0	−2.0	−1.0
	2	−1.0	−2.0	−2.0	−1.0	−15	−1.0	−2.0	−2.0	−1.0
	3	−2.0	−3.0	−3.0	−2.0	−20	−2.0	−3.0	−3.0	−2.0
	4	−2.0	−4.0	−4.0	−2.0	−23	−2.0	−3.0	−4.0	−2.0
	5	0	−4.0	−4.0	0	−25	0	−4.0	−4.0	0
	6	1.0	−5.0	−5.0	2.0	−27	1.0	−4.0	−5.0	2.0
	7	3.0	−6.0	−6.0	4.0	−28	3.0	−5.0	−6.0	4.0
	8	5.0	−7.0	−7.0	6.0	−29	5.0	−6.0	−7.0	5.0
	9	7.0（向上）	−7.0（向下）	−8.0（向下）	8.0（向上）	−30（向下）	6.0（向上）	−7.0（向下）	−8.0（向下）	6.0（向上）

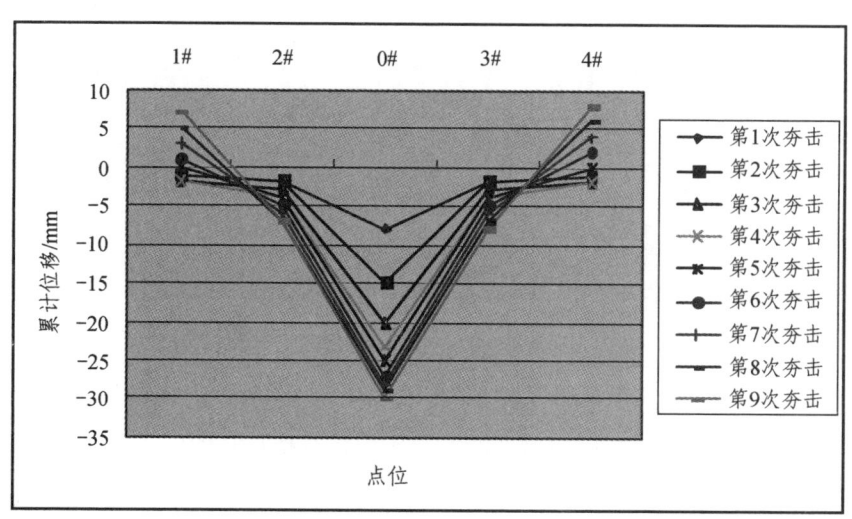

（a）Ⅰ模型第 1~4 次夯击表层点累计竖向位移

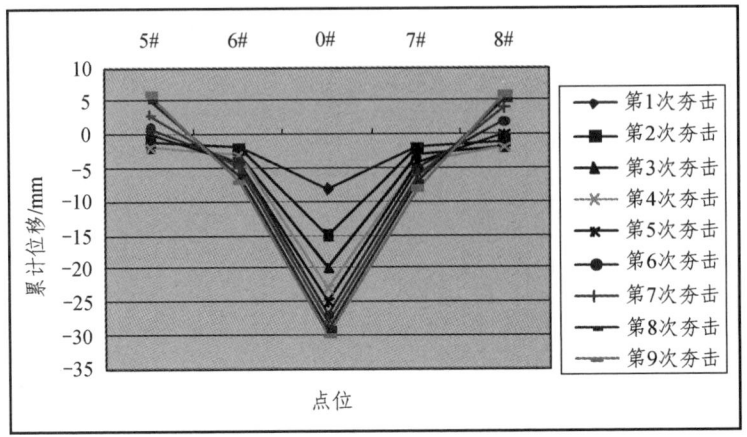

（b）I 模型第 5~9 次夯击表层点累计竖向位移

图 5.7　I 模型第 1~9 次夯击表层点累计竖向位移

表 5.2　I 模型第一层土的相对竖向位移

点位	1	2	3	0	4	5	6
竖向位移/mm	0（向下）	-15（向下）	-18（向下）	-22（向下）	-18（向下）	-14（向下）	0（向下）

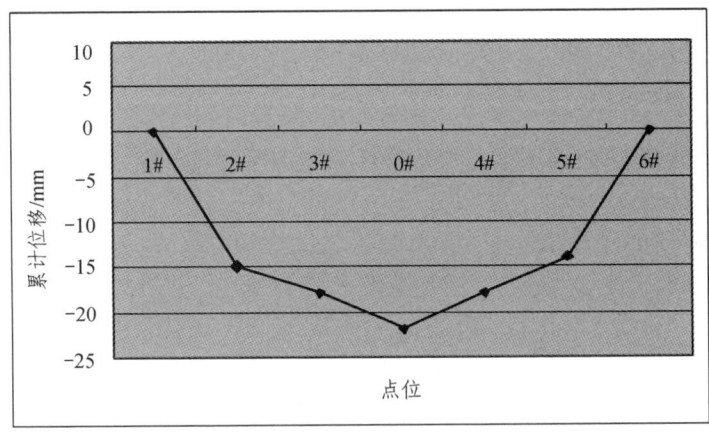

图 5.8　I 模型第 9 次夯击第一层各点累计竖向位移

表 5.3　I 模型第二层土的相对竖向位移

点位	1	2	3	0	4	5	6
竖向位移/mm	0（向下）	-1（向下）	-3（向下）	-7（向下）	-3（向下）	-2（向下）	0（向下）

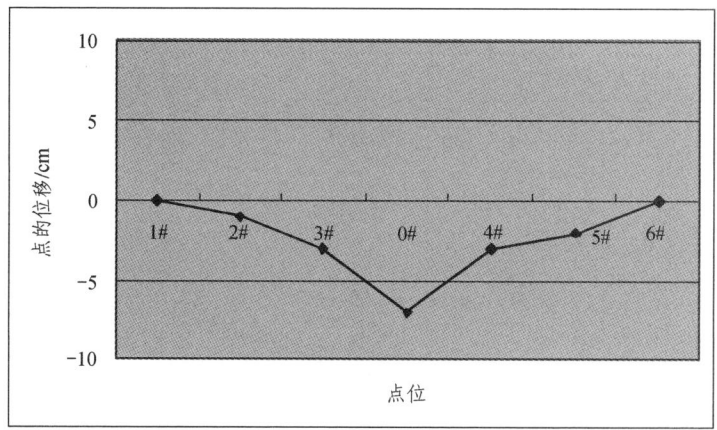

图 5.9　Ⅰ模型第 9 次夯击第二层各点累计竖向位移

表 5.4　Ⅱ模型各层土的相对竖向位移

点位		1	2	3	4	0	5	6	7	8
与中心点距离/cm		10	9	6	3	0	3	6	9	10
竖向位移/mm	表层	+2.0	−10	−20	−29	−37	−29	−20	−11	+2
	第一层	0	−7.0	−16	−28	−34	−27	−16	−8.0	0
	第二层	0	−8.0	−17	−19	−20	−18	−17	−9.0	0
	第三层	0	−2.0	−6.0	−9.0	−9.0	−9.0	−7.0	−2.0	0
	第四层	0	−1.0	−2.0	−3.0	−3.0	−3.0	−2.0	−1.0	0
	第五层	0	0	0	0	0	0	0	0	0

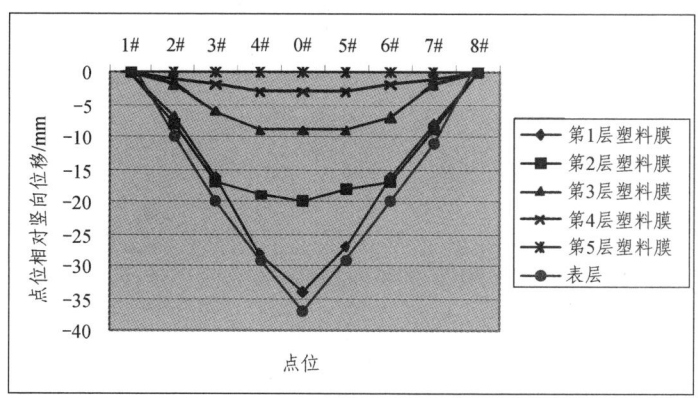

图 5.10　Ⅱ模型各层土的相对竖向位移

表 5.5　Ⅲ模型各层土的相对竖向位移

点位		1	2	3	4	0	5	6	7	8
与中心点距离/cm		15	12	8	4	0	4	8	12	15
竖向位移/mm	表层	0	+1	-11	-32	-38	-31	-11	+1	
	第一层	0	0	-9.0	-19	-34	-19	-9.0	0	
	第二层	0	0	-8.0	-13	-22	-13	-8.0	0	
	第三层	0	0	-6.0	-6	-10	-7.0	-6.0	0	
	第四层	0	0	-1.0	-2.0	-2.0	-2.0	-2.0	0	
	第五层	0	0	0	0	0	0	0	0	

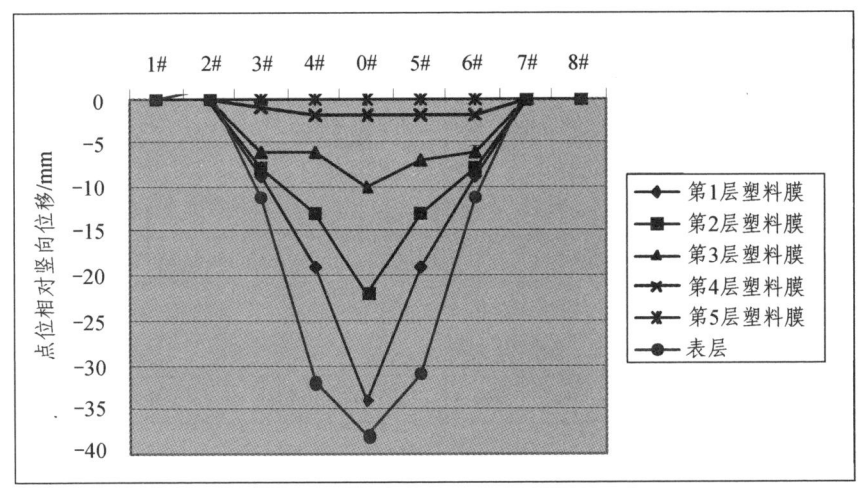

图 5.11　Ⅲ模型各层土的相对竖向位移

5.4.5　强夯加固效果分析

从表 5.1、表 5.4、表 5.5 可知，锤底夯沉总量随着夯击次数的增加而增大，但增加的幅度呈下降的趋势。将室内试验结果按 1∶20 的比例换算，9 次夯击之后夯坑的最大深度相当于现场的 0.6～0.78 m，这一点与现场试验较为吻合。

从表 5.3、表 5.4、表 5.5 及图 5.9～图 5.11 可知，Ⅰ模型的影响深度为第 2 层（相当于现场实际深度 3.2 m）；Ⅱ、Ⅲ模型的影响深度为第 4 层（相当于现场实际深度 3.7~3.9 m），影响区半径相当于现场实际的 1.0~1.6 m 大小。这为现场的强夯施工提供了设计依据。图 5.12 为 Ⅱ 模型的影响深度和影响区半径分布情况。

此外，观察试验过程及对比表 5.1、表 5.4、表 5.5 的记录，发现 Ⅰ 模型表面的 1#、4#、5#、8#边界点最后出现明显向上隆起的现象，而 Ⅱ、Ⅲ 模型表面只出现轻微的隆起。说明 Ⅰ 土样在强夯过程中受到边界的约束而"凸出"，也就是说 Ⅰ 模型的尺寸偏小，小于强夯的影响半径最终导致隆起。这就是通常所说的"边界效应"。由于 Ⅱ、Ⅲ 模型尺寸适中，消除了这种边界效应。本书建议室内强夯试验模具的内径宜大于夯锤直径的 2 倍以上，深度不小于 30 cm。

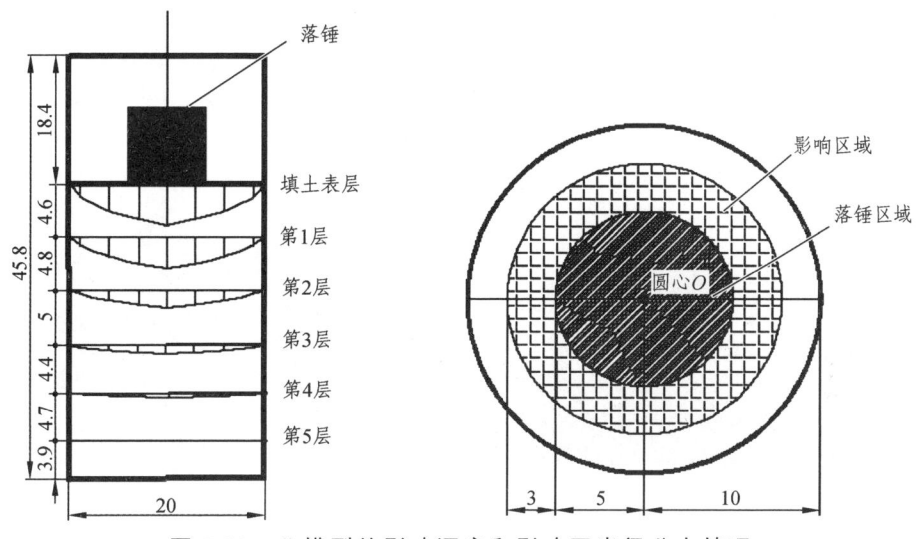

图 5.12　Ⅱ模型的影响深度和影响区半径分布情况

5.5　现场强夯试验

以江西省武吉高速公路及湖南省常德至吉首高速公路为依托工程。考虑该段高速公路的特殊性，长沙理工大学相关课题组采用强夯机械对路基进行强夯处理，以提高路基的压实度，减少路基的工后沉降和不均匀沉降。

5.5.1 强夯设计

根据本工程的具体特点和工程地质条件并结合前面的室内强夯试验和理论分析,制定以下强夯法补强加固实施方案。

1. 全部新填路基

对填土厚度超过 10 m 的高填方路基段均采用点夯法进行夯击(如图 5.13),夯击能为 1 200 kN·m,夯锤落距 H = 10.0 m,夯锤直径 D = 2.0 m,夯击间距取 3.5 m,点位采用 3.5 m × 3.5 m 的方格网进行布置(如图 5.14)。当夯点的夯沉量小于 25 cm 时,单点夯击 3 锤;当夯沉量大于或等于 25 cm 时,单点夯击 4 锤。

有效加固深度为 5.5 m。对于超过 10.0 m 的填土路基,填土厚度每递增 5.5 m 进行一次强夯,之后平整夯实面层并铺一层土工合成材料,再填上一层土。当达到 -0.8 m 的填土层面时做最后一次强夯。

图 5.13 现场强夯试验

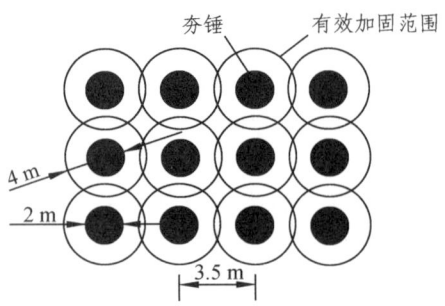

图 5.14 夯点布置及有效加固范围示意

2. 半填半挖路基

具体强夯办法见图 5.15。

对于填土厚度大于 5 m 的填方路基部分,夯击能及落距同"全部新填土路基",对于填土厚度小于 5 m 的填方路基部分,点夯夯击能采用 720 kN·m,夯锤落距 $H = 6.0$ m,夯锤直径 $D = 2.0$ m。

当夯击能为 720 kN·m 时,有效加固深度为 3.5 m,若该点的夯沉量小于 22 cm 时,单点夯击 3 锤,否则需单点夯击 4 锤。

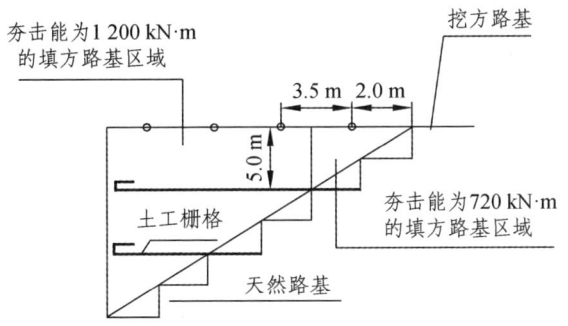

(a)半填半挖路基强夯能级纵剖面图

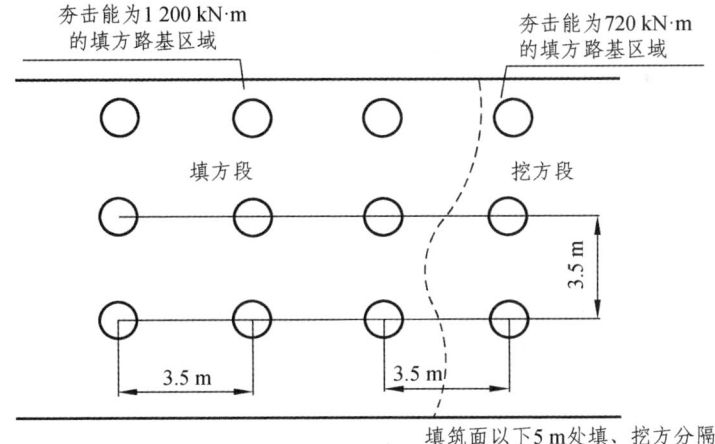

(b)半填半挖路基中填方路基强夯能级平面图

图 5.15 半填半挖路基强夯能级分布

试验方案如下:

(1)在夯击点中间和夯点周围设置一排木桩,使用水准仪测量每次夯击后的单点夯沉量及夯点附近地表土的沉降或膨胀量。

（2）在估计的影响深度内分层（2 m/层）埋设沉降板，如图 5.16 所示，根据各沉降板的沉降情况确定强夯的影响深度及沉降随深度变化的情况，利用各沉降板的沉降差计算各土层压实度（或孔隙比），用来分析和对比强夯效果。

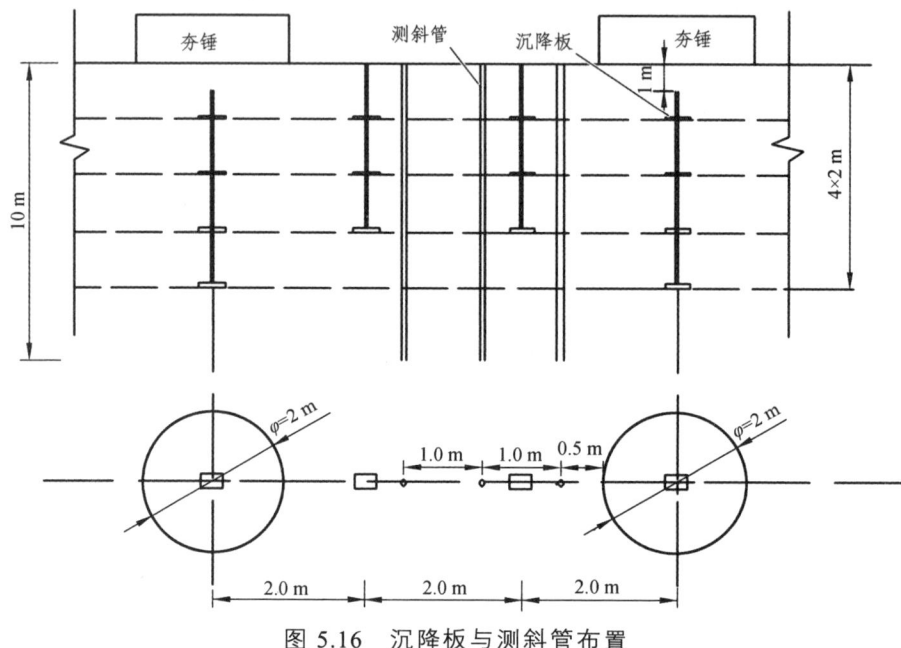

图 5.16　沉降板与测斜管布置

（3）在夯点旁边沿水平方向埋设一排沉降板，用来测定强夯时土体沉降在水平方向上的变化情况。

（4）在夯点四周设置一排（3 根）测斜管，每根长 10 m，用于测定夯击时土体的侧向位移。

（5）在路堤边坡上埋设两排位移桩（木桩），用全站仪测定在整段路基强夯完成后边坡的侧向位移情况，用于评定强夯对边坡的影响。

5.5.2　试验过程及结果分析

本次强夯试验采用 12 t 重的夯锤，夯锤直径为 2 m，通过调节落距来改变夯击能量,落距分别取为 10 m、9 m、8 m、7 m,相应夯击能为 1 200 kN·m、1 080 kN·m、960 kN·m、840 kN·m。

1. 强夯作用下地表变形规律分析

在每个夯点锤底及周围设置了一排位移桩,如图 5.17 所示,在每次夯击完成后,采用水准仪测量位移桩在每次夯击完成后的标高。

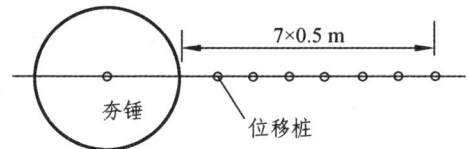

图 5.17 夯点地表位移桩布置

不同夯击能量作用下地表的变形如图 5.18 ~ 图 5.21 所示。由图可知随着夯击次数的增加,夯坑下沉量也随之增加,夯坑周围 1.5 m 范围内土体略有隆起(与室内模型试验非常吻合),但隆起量很少,所以,土体的压密量接近或等于夯坑体积,夯坑体积基本上直接代表了夯点影响范围内夯击对土体的压密效果,其有效夯实系数 α(即夯坑体积与隆起体积之差除夯坑体积)可达 0.9 以上。

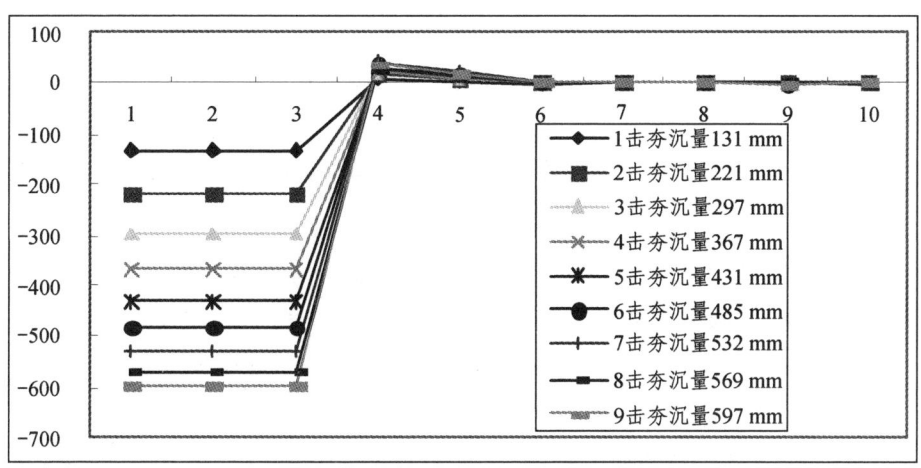

图 5.18 夯击能量为 1 200 kN·m 时夯坑及其周边地表变形示意

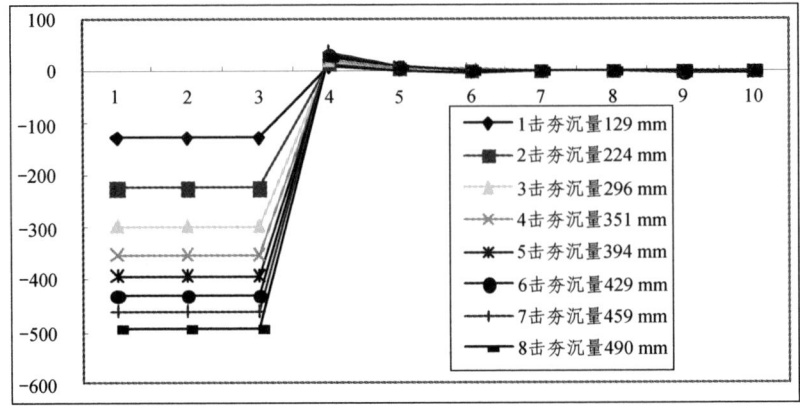

图 5.19　夯击能量为 1 080 kN·m 时夯坑及其周边地表变形示意

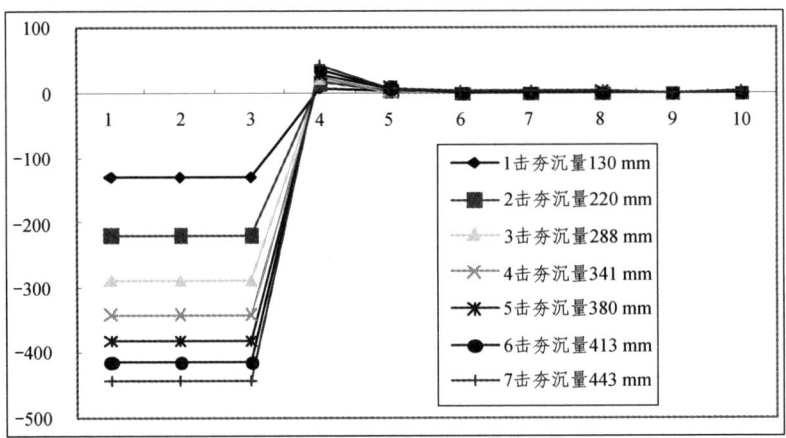

图 5.20　夯击能量为 960 kN·m 时夯坑及其周边地表变形示意

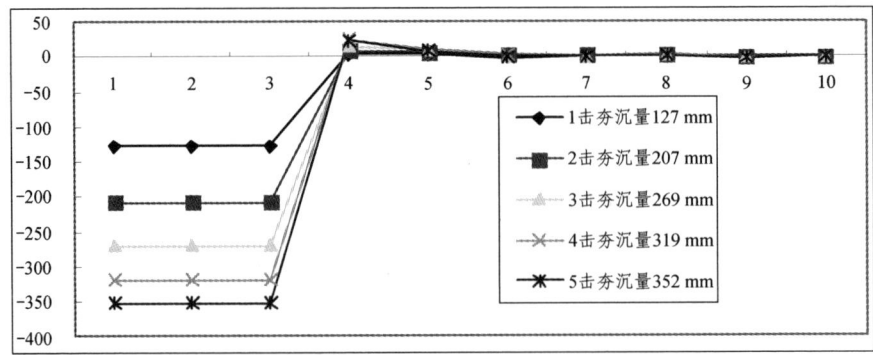

图 5.21　夯击能量为 840 kN·m 时夯坑及其周边地表变形示意

单点夯沉量数据列于表 5.6，并绘制成图 5.22 和图 5.23。

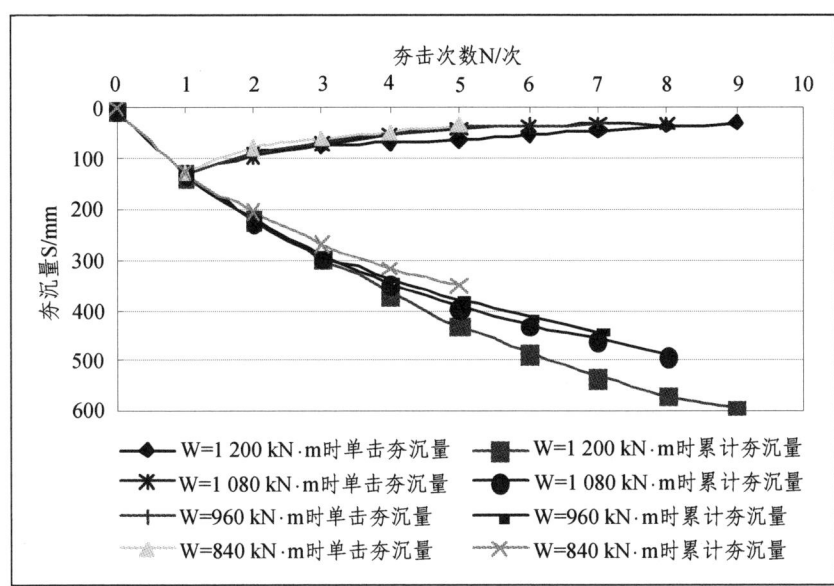

图 5.22　夯沉量 S 与夯击次数 N 关系

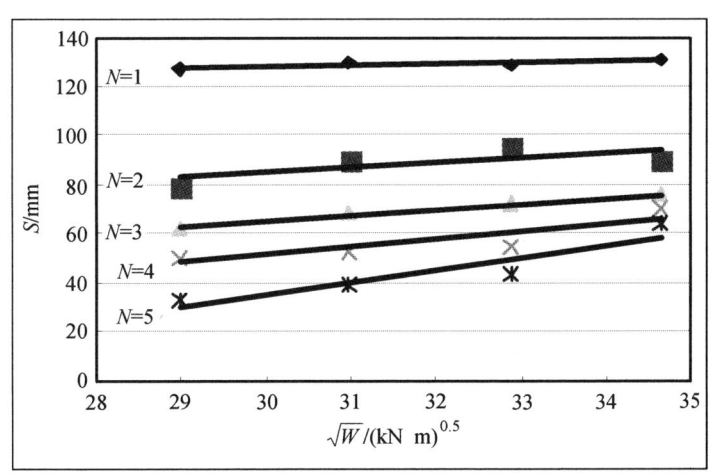

图 5.23　夯沉量 S 与 $\sqrt{W}$ 关系散点图及其拟合

从图 5.22 和图 5.23 可以看出：

（1）单击夯沉量随夯击次数的增加而减少；前三击夯沉量较大，且每击夯沉量急剧减少，三击以后，虽然单击沉降仍然呈减少趋势，但变化很小,沉降趋向稳定,说明其总夯击能量趋向饱和。

(2)每击夯沉量的大小与单击夯击能有关,即夯沉量 S 与夯击能量 W 的平方根成正比,可用方程 $S = a + b \cdot \sqrt{W}$ 表示。

(3)夯坑的累计夯沉量随夯击次数的增加而增加,而夯坑的累计夯沉量的增长幅度随夯击次数的增加而逐渐减小,说明随着夯击次数的增加,土体结构逐渐密实。

表 5.6 单点夯沉量数据表

夯击能量 W /kN·m	夯击次数 N/次	0	1	2	3	4	5	6	7	8	9
1 200	单击夯沉量/mm	—	131	90	76	70	64	54	47	37	28
	累计夯沉量 S/mm	0	131	221	297	367	431	485	532	569	597
	$(N \cdot \sqrt{W})/S$ /[次·(kN·m)$^{0.5}$/m]	—	264	313	350	378	402	429	456	487	522
1 080	单击夯沉量/mm	—	129	95	72	55	43	35	30	31	—
	累计夯沉量 S/mm	0	129	224	296	351	394	429	459	490	—
	$(N \cdot \sqrt{W})/S$ /[次·(kN·m)$^{0.5}$/m]	—	255	293	333	375	417	460	501	537	—
960	单击夯沉量/mm	—	130	90	68	53	39	33	30	—	—
	累计夯沉量 S/mm	0	130	220	288	0.3	380	413	443	—	—
	$(N \cdot \sqrt{W})/S$ /[次·(kN·m)$^{0.5}$/m]	—	238	282	323	363	408	450	490	—	—
840	单击夯沉量/mm	—	127	80	62	50	33	—	—	—	—
	累计夯沉量 S/mm	0	127	207	269	319	352	—	—	—	—
	$(N \cdot \sqrt{W})/S$ /[次·(kN·m)$^{0.5}$/m]	—	228	280	323	363	412	—	—	—	—

研究表明,累计夯沉量 S、夯击能量 W、夯击次数 N 之间的关系可用方程 $\dfrac{S}{\sqrt{W}} = \dfrac{N}{a + bN}$ 的形式表示[139],本书对本次试验数据进行归一化统计,并作出 $(N \cdot \sqrt{W}/S)$-N 关系图,如图 5.24 所示,采用最小二乘法对其进行拟合,可求得 $a = 217.9$, $b = 37.2$,所以

$$\frac{S}{\sqrt{W}} = \frac{N}{217.9 + 37.2N} \quad (5.26)$$

式中 S——累计夯沉量（m）;
N——夯击次数（次）;
W——夯击能量（kN·m）。

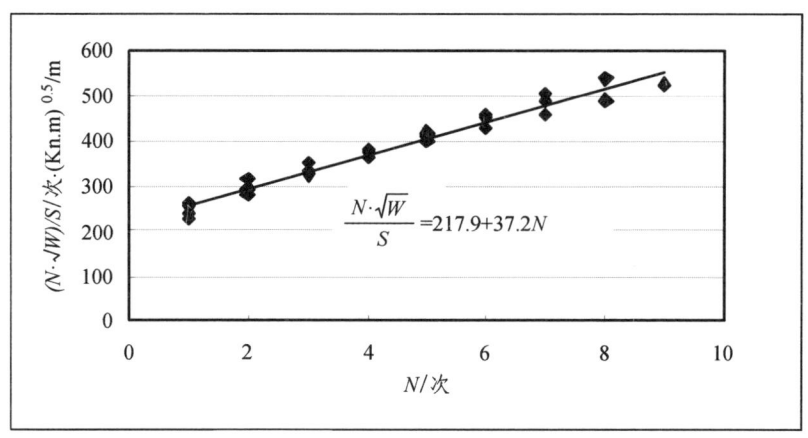

图 5.24 夯击次数 N 与 $N\sqrt{W}/S$ 关系散点图及其拟合

2. 强夯作用下土体深层变形分析

将锤底土层的分层沉降数据列于表 5.7，并绘制成图 5.25 所示。

表 5.7 锤底土体分层沉降数据表

夯击能量/(kN·m)	深度/m	0	2	4	6	8
1 200	分层沉降/mm	597	340	127	70	40
	土层压缩量/mm	—	257	213	57	30
1 080	分层沉降/mm	490	290	130	50	39
	土层压缩量/mm	—	200	160	80	11
960	分层沉降/mm	443	273	120	52	50
	土层压缩量/mm	—	170	153	68	2
840	分层沉降/mm	352	211	81	41	30
	土层压缩量/mm	—	141	130	40	11

本书采用拟静力法来研究强夯作用下土体的应变和位移随深度的变化规律。

静附加应力的传递公式[140]为

$$\sigma_z = \left\{ 1 - \frac{1}{[1+(r/z)^2]^{3/2}} \right\} \cdot \sigma_0 \quad (5.27)$$

式中　σ_z——深度为 z 处土体的应力；
　　　r——圆面积半径，即夯锤半径；
　　　z——单元体到夯锤底面距离；
　　　σ_0——地表均布荷载强度，即地表应力。

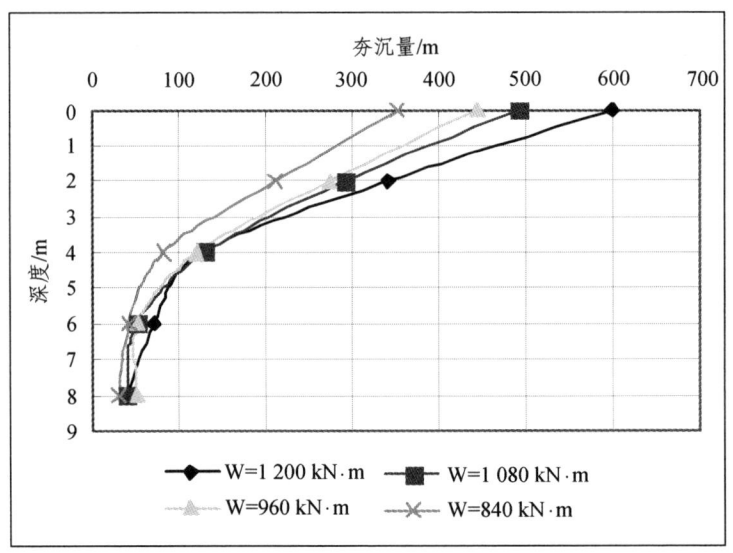

图 5.25　各种能量作用下土体分层沉降

根据土力学基本原理，土体位移递减规律可以用式（5.28）表示

$$S_z = \left\{ 1 - \frac{1}{b[1+(r/z)^2]^a} \right\} \cdot S_0 \quad (5.28)$$

式中　a、b——待定系数；
　　　S_0、S_z——地表和深度为 z 时的沉降；
　　　r——夯锤半径。

式（5.28）可转化为

$$\frac{1}{1-S_z/S_0} = b[1+(r/z)^2]^a \qquad (5.29)$$

采用实测数据进行拟合，求得红砂岩碎石土路基在强夯作用下 a、b 系数的取值，如图 5.26～图 5.30 所示。图 5.26～图 5.29 表示不同能量作用下沉降与深度关系，图 5.30 将各种能量作用下沉降与深度数据汇总，并进行拟合。根据拟合关系式，a 值在 4.0 左右，b 值略大于 1.0，所以取 $a = 4.0$，$b = 1.0$。代入（5.28）式可得沉降随深度递减的规律为

$$S_z = \left\{1 - \frac{1}{[1+(r/z)^2]^4}\right\} \cdot S_0 \qquad (5.30)$$

在强夯作用下锤底及周边土体的分层沉降如图 5.31～图 5.32 所示，随着深度的增加，夯坑下的竖向位移量随之减少（比较图 5.12，证明与室内试验吻合较好），递减规律可用式（5.30）表示，深度为 6 m 时竖向位移则已甚微，约为地表的 10%。随着水平距离的增加，土体的竖向位移逐渐减少，在夯锤边缘减少幅度很大，距离夯锤边缘 1 m 位置处土体竖向位移则已甚微，距离夯锤边缘 3 m 位置几乎为零，表明强夯作用下路基以冲切变形为主。将部分沉降观测数据列入表 5.8。

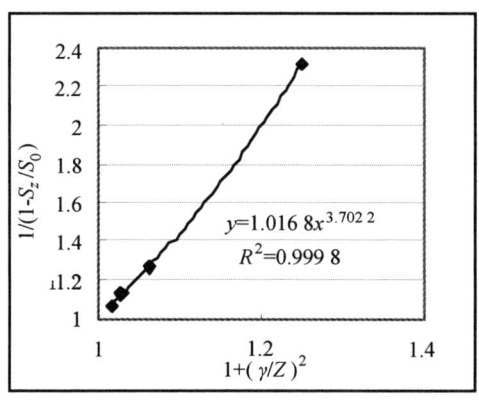

图 5.26　$E = 1\,200$ kN·m 时 S-Z 关系

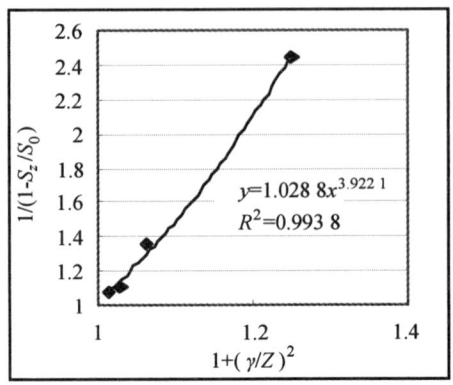

图 5.27　$E = 1\,080$ kN·m 时 S-Z 关系

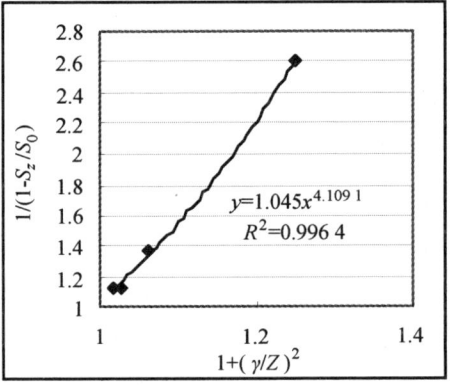

图 5.28　$E = 960$ kN·m 时 S-Z 关系

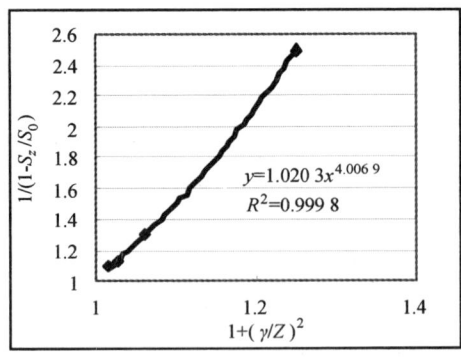

图 5.29　$E = 840$ kN·m 时 S-Z 关系

5.5 现场强夯试验

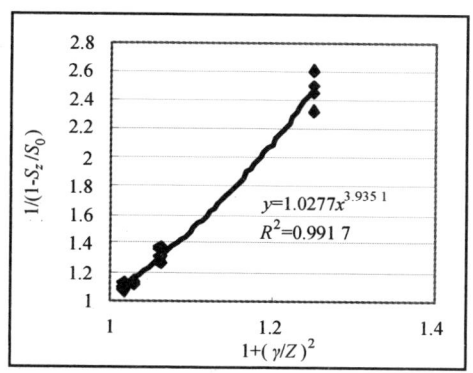

图 5.30 各种能量作用下 S-Z 关系

表 5.8 土体分层沉降量、压缩量、压实度计算表

深度 Z/m	0	1	2	3	4	4.5	5	5.5
沉降量 S_Z/mm	315	295.3	186	108.3	67.83	55.24	45.74	38.43
土体压缩量 h_0/mm	19.7	109	77.6	40.5	27.8	9.5	7.3	5.7
土柱高度 h/m	1.0	1.0	1.0	1.0	0.5	0.5	0.5	0.5
β	1.014	1.087	1.059	1.03	1.018	1.014	1.01	1.008
压实度 K_1	91%	98%	95%	93%	93%	91%	91%	91%

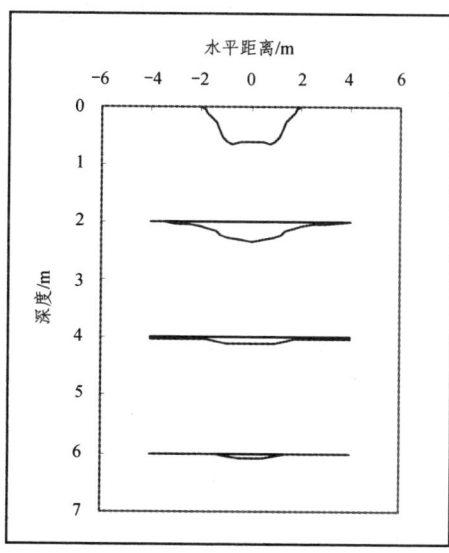

图 5.31 $W=1\,200$ kN·m 时土体分层沉降最终横断面

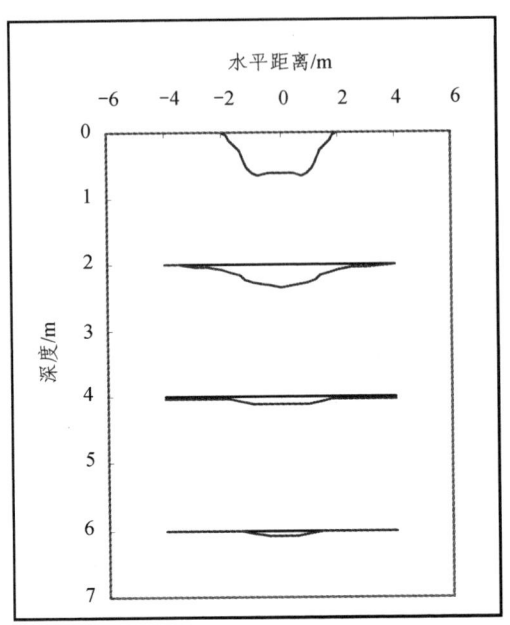

图 5.32　$W=960$ kN·m 时土体分层沉降最终横断面

从表 5.8 可以看出：

（1）以压实度达到 93% 为控制标准，本次强夯的有效影响深度为 4.0 m，强夯的强加密区在 1.0~4.0 m。

（2）土体的压实效果经历了一个先增后减的过程。为使地表土体的压实度达到要求，建议强夯后对地表进行推平，再用羊足碾和光轮碾进行碾压压实。

5.5.3　压实度实验

整个试验段在完成一次普夯（1 200 kN·m 夯击能作用下单点夯击 3 锤）后，在夯实面以下 15 cm 处作了 10 个点的压实度试验，且与夯前压实度进行对比。夯击前后压实度检测结果如表 5.9 所示。

从夯击前后的压实度检测结果可以看出，路基压实度均得到了明显的提高，增加量最高可达 9.1%，且夯后压实度均超过了 95%，达到规范和建成后的安全使用要求。

表 5.9 夯实面以下 15 cm 处土样压实度检测结果

点号	1	2	3	4	5	6	7	8	9	10
夯前压实度	90.2%	91.2%	91.7%	91.7%	91.1%	90.7%	90.8%	91.3%	91.8%	90.4%
夯后压实度	99.1%	99.0%	97.9%	98.1%	97.0%	99.8%	98.4%	99.0%	98.9%	98.7%
压实度提高值	8.9%	7.8%	6.2%	6.4%	5.9%	9.1%	7.6%	7.7%	7.1%	8.3%

5.5.4 荷载板试验

由于条件限制，本试验采用了简易的荷载板试验装置：选用直径为 30 cm 的圆板作为承压板，工地上的推土机作为反压装置，使用可读数的油压千斤顶进行加压。在试验区共选择了 8 个点，分别在强夯前后进行了荷载板试验，试验数据试验数据如图 5.33～图 5.40 所示。

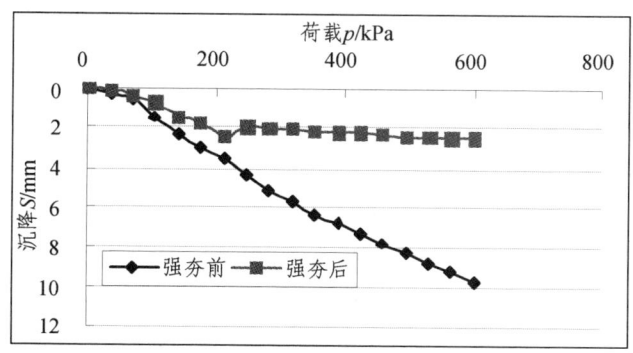

图 5.33 第 1 点荷载试验关系曲线

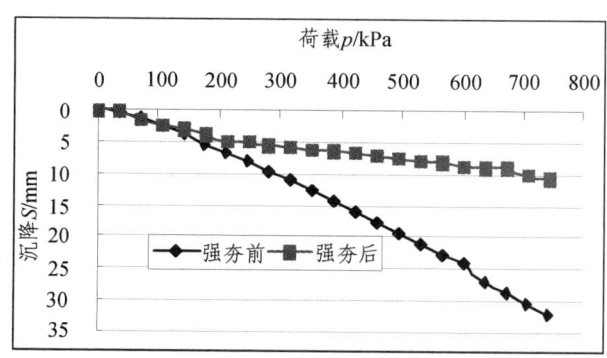

图 5.34 第 2 点荷载试验关系曲线

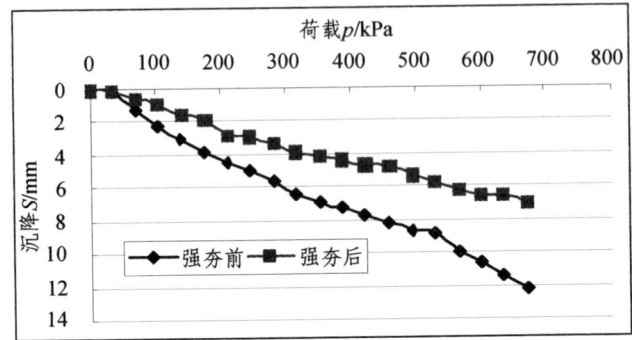

图 5.35　第 3 点荷载试验关系曲线

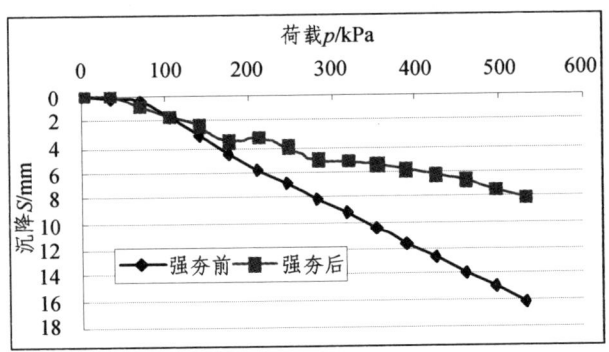

图 5.36　第 4 点荷载试验关系曲线

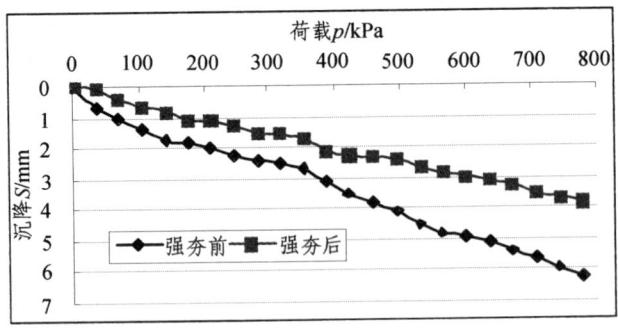

图 5.37　第 5 点荷载试验关系曲线

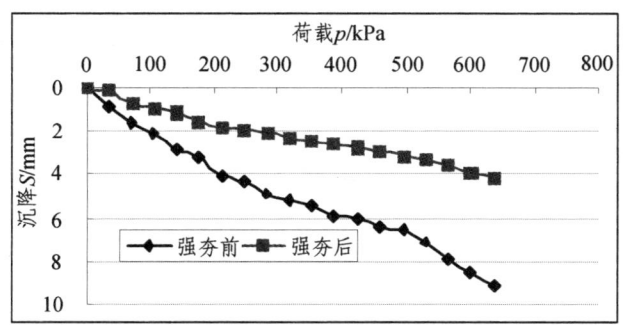

图 5.38　第 6 点荷载试验关系曲线

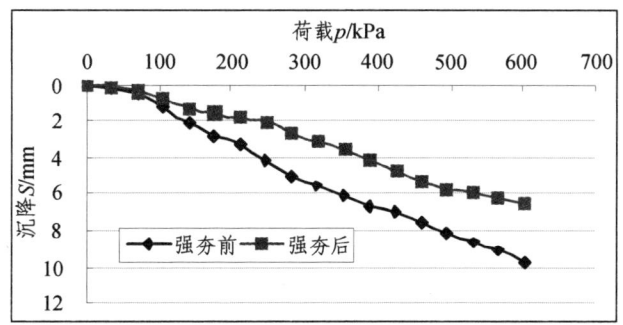

图 5.39　第 7 点荷载试验关系曲线

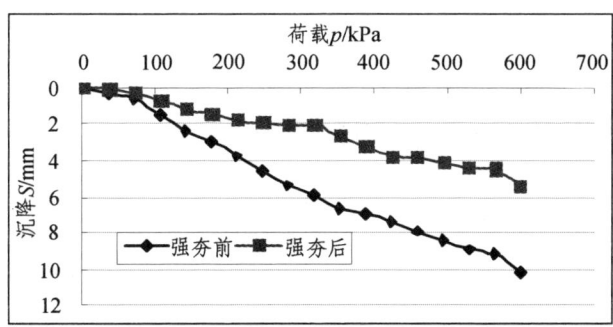

图 5.40　第 8 点荷载试验关系曲线

从图中可以看出在夯击前后路基土的荷载-沉降关系曲线均没有明显的转折点，成近似的直线关系，没能找到路基土的破坏荷载，说明路基土一直处于弹性阶段，路基的承载力较大。采用式（5.31）计算路基土的压缩模量，计算结果列于表 5.10。

$$E_0 = 0.79(1-\mu^2)d*\frac{p}{s} \tag{5.31}$$

式中　E_0——试验土层的压缩模量（kPa）；

　　　p——施加的荷载（kPa）；

　　　s——对应于施加荷载的沉降量（cm）；

　　　d——承压板直径（cm）；

　　　υ——路基土的泊松比。

表 5.10　强夯前后土体压缩模量对比表

点位	1	2	3	4	5	6	7	8	平均值
夯前压缩模量/MPa	14.2	5.3	12.7	7.6	29.1	17.4	14.4	14.2	14.4
夯后压缩模量/MPa	54.7	16	21.8	15.3	47.4	36	21.4	29.2	30.2
提高比例	3.85	3.02	1.72	2.01	1.63	2.07	1.49	2.06	2.10

5.6　强夯对工后沉降的影响分析

正如前所述，该课题组在江西武吉高速公路通车前，沿全线选择了 4 个典型的断面继续进行工后沉降的观测，各断面测点的分布位置及各时间段的测量数据分别如图 5.41~图 5.44 及表 5.11~表 5.14，各断面测点在各时间段内的沉降增量整理如表 5.15~表 5.18 所示。

5.6 强夯对工后沉降的影响分析

表 5.11 典型横断面沉降观测点高程

K93+005.480 (B1高填右)	点位	1	2	3	4	5	6	7	8	9
观测时间	基准点高程	左边坡	左硬路肩外	中分带左	中分带右	右硬路肩外	右边坡上	右边坡中	右边坡下	右坡脚
2008-8-21	100.000	97.005	98.889	99.179	99.177	98.897	96.844	88.644	79.034	67.321
2009-3-16		97.000	98.881	99.167	99.163	98.887	96.836	88.639	79.031	67.322
2009-7-1		96.995	98.877	99.160	99.158	98.882	96.833	88.636	79.030	67.345

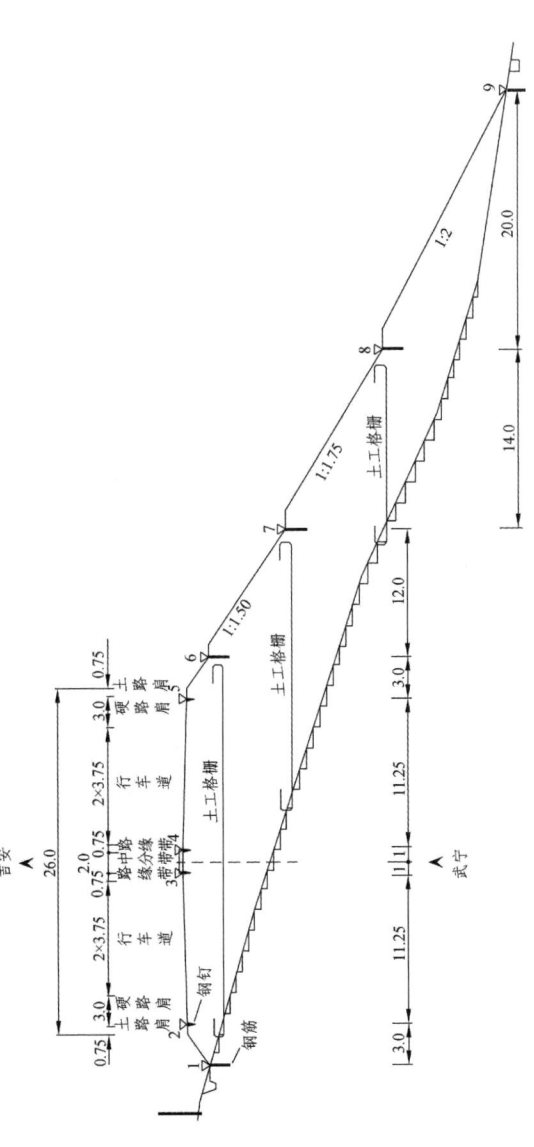

图 5.41 K92+989.630 砂性土路堤沉降观测布点图（B1 标右侧填方）

143

5 动力强夯控制高填路堤非均匀沉降试验分析及技术研究

表 5.12 典型横断面沉降点高程

K125+125 (B8)										
点位		1	2	3	4	5	6	7	8	9
基准点高程	观测时间	左坡脚	左边坡下	左边坡上	左硬路肩外	中分带左	中分带右	右硬路肩外	右边坡	右坡脚
100.000	2008-8-21	96.915	97.646	100.909	101.908	102.067	102.168	101.958	97.459	96.400
	2009-3-16	96.909	97.639	100.900	101.893	102.053	102.153	101.943	97.448	96.389
	2009-7-1	96.905	97.636	100.896	101.887	102.044	102.143	101.934	97.443	96.384

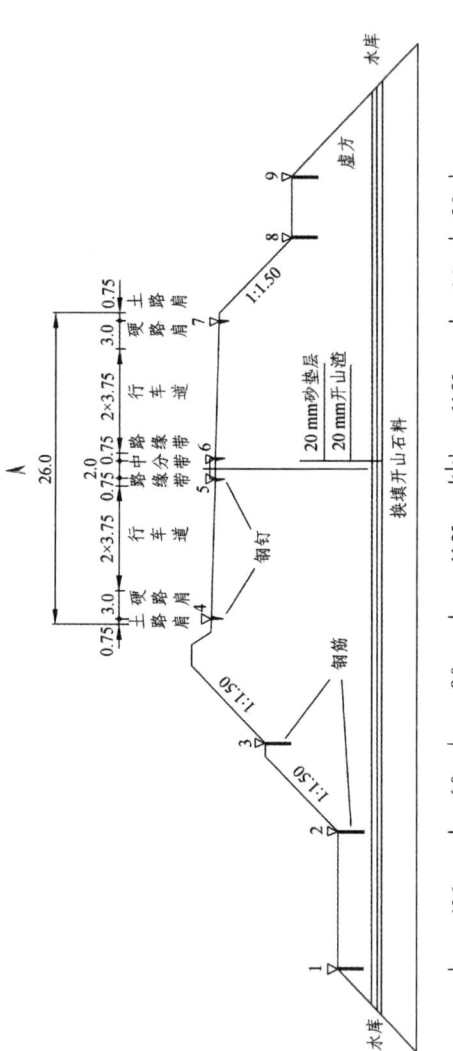

图 5.42 K125+125 碎石土路堤沉降观测布点图（B8 标水库处）

144

5.6 强夯对工后沉降的影响分析

表 5.13 典型横断面沉降观测点高程

K84+800 (A19)	点位	1	2	3	4	5	6	7	8	9	10	11	12	13
观测时间	基准点高程	左坡脚	左边坡下	左边坡中	左边坡上	左硬路肩外	中分带左	中分带右	右硬路肩外	右边坡上	右边坡中	右边坡下	右坡脚	右坡脚外
2008-8-21	100.000	99.796	102.401	107.108	110.556	112.093	112.341	112.339	112.380	110.705	107.451	103.440	100.006	99.665
2009-3-16		99.793	102.395	107.099	110.545	112.080	112.326	112.324	112.364	110.692	107.442	103.433	100.001	99.663
2009-7-1		99.791	102.391	107.093	110.536	112.067	112.315	112.311	112.352	110.684	107.435	103.428	99.997	99.667

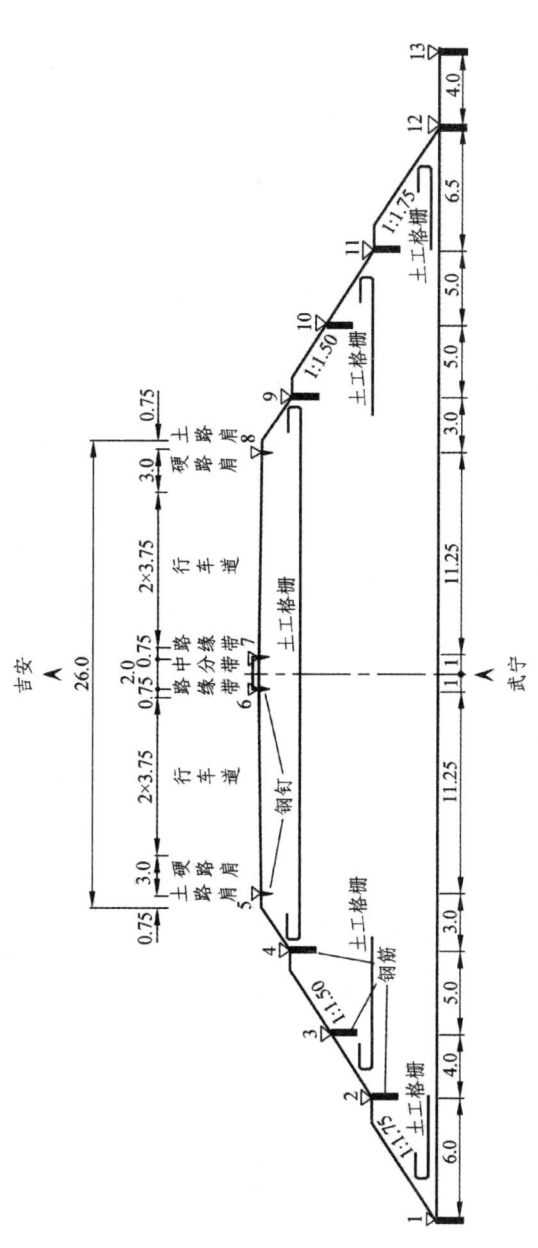

图 5.43 K84+800 砂性土沉降观测布点图（A19 标软土地基）

5 动力强夯控制高填路堤非均匀沉降试验分析及技术研究

表 5.14 典型横断面沉降观测点高程

K29+040（A7）	点位	1 左坡脚	2 左边坡下	3 左边坡上	4 左硬路肩外	5 中分带左	6 中分带右	7 右硬路肩外	8 右边坡	9 右坡脚
观测时间	基准点高程									
2008-8-21	100.000	90.496	93.427	96.794	100.965	100.757	100.758	100.969	96.462	92.883
2009-3-16		90.495	93.426	96.790	100.961	100.750	100.751	100.964	96.460	92.883
2009-7-1		90.497	93.425	96.789	100.958	100.748	100.747	100.961	96.459	92.882

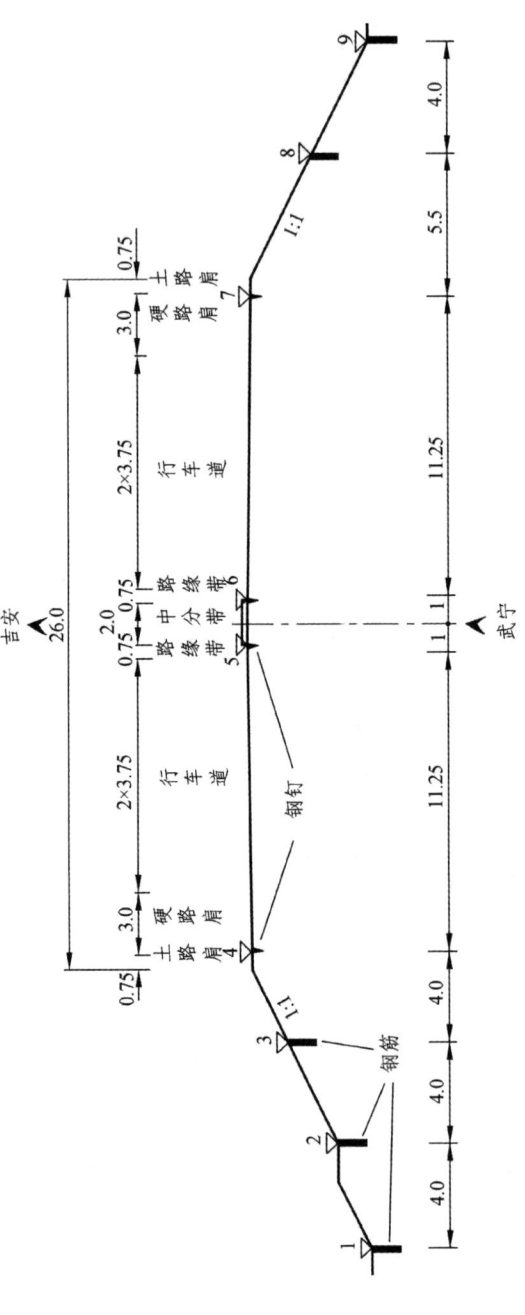

图 5.44 K29+040 红砂岩路堤沉降观测布点图（A7 标修水服务区旁）

5.6 强夯对工后沉降的影响分析

表 5.15 K93+005.480 断面各测点沉降增量 单位：mm

点位 时间段	1	2	3	4	5	6	7	8	9
2008.8.21~ 2009.3.16	-5	-7	-12	-14	-10	-8	-5	-3	+1
2009.3.16~ 2009.7.1	-5	-5	-7	-5	-5	-3	-3	-1	+3
合计	-10	-12	-19	-19	-15	-11	-8	-4	+4

表 5.16 K125+125（B8）断面各测点沉降增量 单位：mm

点位 时间段	1	2	3	4	5	6	7	8	9
2008.8.21~ 2009.3.16	-6	-7	-9	-5	-14	-15	-15	-11	-11
2009.3.16~ 2009.7.1	-4	-3	-4	-6	-9	-10	-9	-5	-5
合计	-10	-10	-13	-11	-23	-25	-24	-16	-16

表 5.17 K84+800（A19）断面各测点沉降增量 单位：mm

点位 时间段	1	2	3	4	5	6	7	8	13
2008.8.21~ 2009.3.16	-3	-6	-9	-11	-13	-15	-15	-16	-2
2009.3.16~ 2009.7.1	-2	-4	-6	-9	-13	-11	-13	-12	+4
合计	-5	-10	-15	-20	-26	-26	-28	-28	+2

表 5.18 K29+040（A7）断面各测点沉降增量 单位：mm

点位 时间段	1	2	3	4	5	6	7	8	9
2008.8.21~ 2009.3.16	-1	-1	-4	-4	-7	-7	-5	-2	0
2009.3.16~ 2009.7.1	+2	-1	-1	-3	-2	-4	-3	-1	-1
合计	+1	-2	-5	-7	-9	-11	-8	-3	-1

从表 5.15 可以看出，K93+005.480 断面半年内最大沉降量为 14 mm，一年内最大沉降量为 19 mm，每月平均沉降量为 1.58 mm。同样，从表 5.16~表 5.18 分别可以看出，K125+125（B8）断面半年内最大沉降量为 15 mm，一年内最大沉降量为 25 mm，每月平均沉降量为 2.08 mm；K84+800（A19）断面半年内最大沉降量为 16 mm，一年内最大沉降量为 28 mm，每月平均沉降量为 2.33 mm；K29+040（A7）断面半年内最大沉降量为 7 mm，一年内最大沉降量为 11 mm，每月平均沉降量为 0.92 mm。

由上可知，各个断面一年内的每月平均沉降量均未超过 3 mm，符合相关的规范要求。充分说明强夯对控制高填方路基的不均匀沉降，从而提高路基的稳定性非常有效。

此外，K93+005.480 断面位于坡脚的 9#观测点及 K29+040（A7）断面位于坡脚的 1#观测点，一年后不仅没有下沉，反而开始上升。说明高路堤坡脚的土体四周往往受到较大的被动土压力而向上隆起，也进一步揭示在今后的高路堤施工中应加强坡脚的反压来进行护坡。

5.7 强夯大变形数值分析

本章主要是对强夯过程采用有限元法进行数值分析，并将汽车碰撞动力效应模拟分析应用到路基工程中，运用 ANSYS/LS-DYNA 进行碰撞接触计算。主要考虑的是常吉高速公路红砂岩碎石土路基在强夯冲击力作用下的动力响应以及变形情况[141-142]。

5.7.1 有限元模型的建立

数值建模包括两部分，即强夯夯锤和土体。

采用三维实体块单元（8 节点六面体实体单元 solid164），通过软件的网格自动划分，得到如图 5.45 所示的网格模型。夯锤半径 1 m，高 0.5 m，划分为 36 个实体单元，并赋予等效密度来获得与实际情况相符的质量（12 t）；土体由锤体中心沿 x 和 y 方向建模 6 m，沿深度方向建模 10 m，共划分了 4.5 万个实体单元，边界采用无反射边界条件。夯锤与土体之间定义了自动的面对面接触。

5.7 强夯大变形数值分析

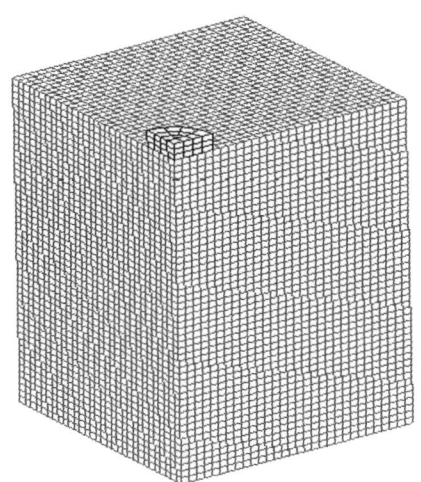

图 5.45 数值分析建模示意

5.7.2 材料本构模型的选择

用于岩土体 LS-DYNA 自带的主要有 Drucker-Prager 模型、Soil and Foam（with Failure）模型、Concrete Damage 模型、Soil Concrete 模型等[143-145]。

在这里，土体选用 Drucker-Prager 模型，材料参数如表 5.19 所示。强夯作用下岩土体的应力状态为 $\sigma_1 > \sigma_2 = \sigma_3$，$\alpha$、$k$ 与 C、φ 的拟合关系取为 $\alpha = \dfrac{2\sin\varphi}{\sqrt{3}(3-\sin\varphi)}$、$k = \dfrac{6C\cos\varphi}{\sqrt{3}(3-\sin\varphi)}$。夯锤采用刚性体材料。

表 5.19 Drucker-Prager 材料参数

重度 ρ/(kN/m³)	弹性模量 E/MPa	黏聚力 C/kPa	内摩擦角 φ/(°)	泊松比
2 589	14.4	18	30	0.20

5.7.3 荷载的施加

本书只研究夯锤与土体接触后，土体在强夯冲击力作用下的动力响应和变形情况，夯锤的落距 $H = 10$ m 时，夯锤触地时的速度 $v = \sqrt{2gH} = \sqrt{2 \times 10 \times 10} = 14.4$ m/s。

5.7.4 约束的施加

由于模型是按轴对称条件建立的，需在两个对称面 xz 面和 yz 面分别约束 y 方向和 x 方向的位移。根据实际约束情况，模型底面约束 z 方向的位移。

5.7.5 求解及结果分析

1. 土体压密过程

计算模拟了以 0.2 s 为一次夯击过程，即计算了单击作用下土体的响应情况。图 5.46 给出了不同时刻土体竖向变形的等值线图。

从图 5.46 可以看出，锤击垂直区侧面得到了明显加固，侧向加固半径距坑心接近 2D，坑下加固深度在 2D 左右，其影响范围类似于"灯泡"型。图中显示夯击区边缘有小量隆起现象，表明在这一区域有一膨胀区，这与实际观察及室内试验相吻合。

2. 土体竖向变形随深度的变化

夯区竖向变形的计算与实测比较曲线如图 5.47 所示，图中实测曲线是由现场所测数据代入公式 5.30 所得的计算值。结果表明，计算与实测结果基本吻合，竖向变形随深度的增加衰减较快，深度超过 7 m 后，LS-DANA 计算结果比实测值衰减速度更快些。

夯锤下不同深度处土的竖向变形时程曲线如图 5.48 所示。夯锤正下方土受到强烈破坏，位移量最大，在达到最大位移后回弹量也相对较大；随着深度的增加土体的竖向位移迅速衰减，土体的波动量也迅速减少，试验表明距地表超过 3.0 m 后，基本不存在振动，土体的变形主要为塑性变形；随着深度的增加，土体达到最大位移的时间相对滞后。

3. 土体竖向位移随水平距离的变化

图 5.49 显示了不同深度处土体竖向位移随水平距离的变化情况，竖向位移随离中心点的水平距离的增加迅速衰减，而且离地面越近衰减越快。

5.7 强夯大变形数值分析

将数值模拟分析得到的曲线（如图 5.49）与现场实测得到的曲线（如图 5.31）对比分析，发现这两种曲线的特性和变化规律基本一致，反映了数值计算的准确性。

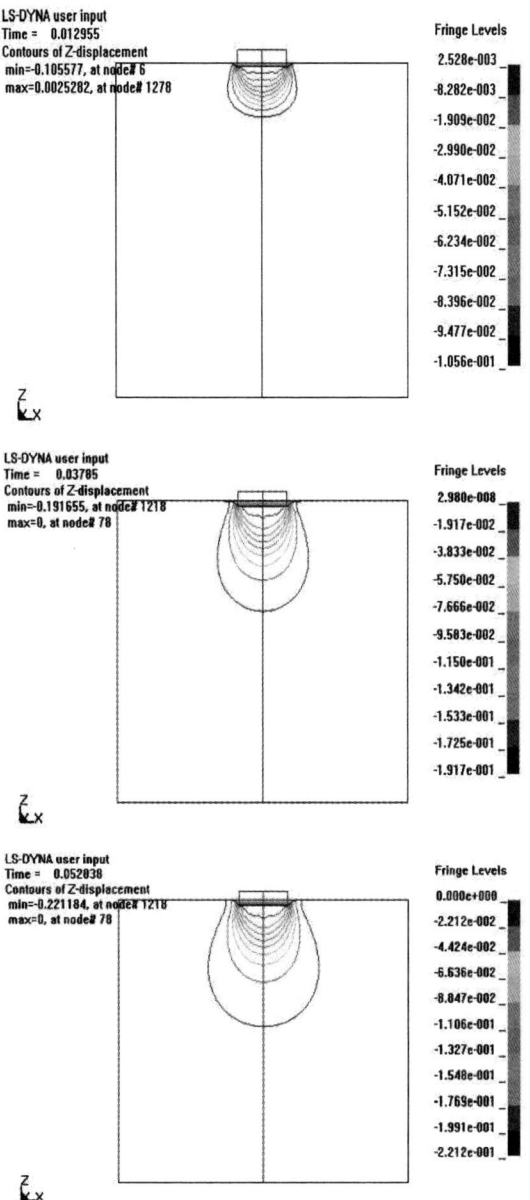

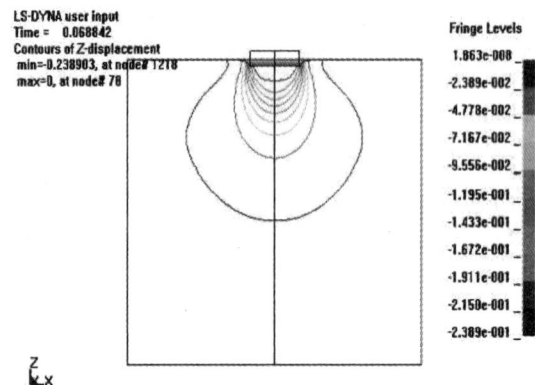

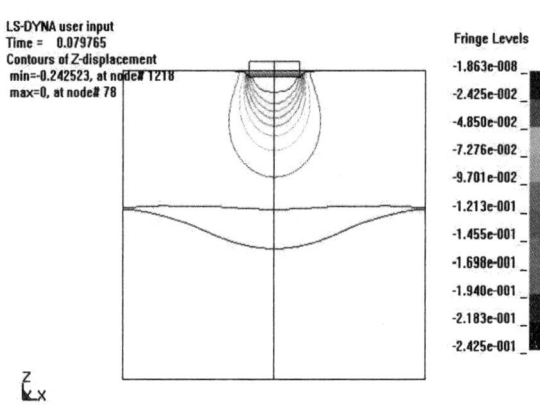

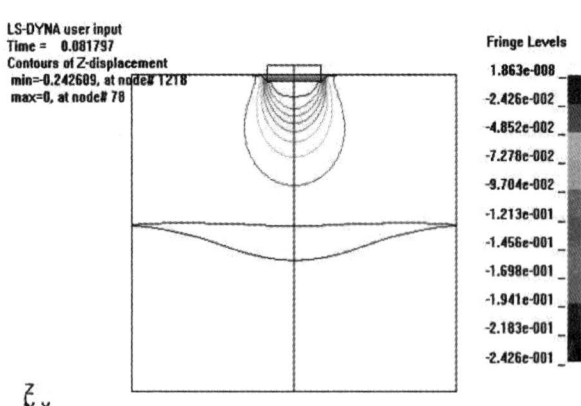

5.7 强夯大变形数值分析

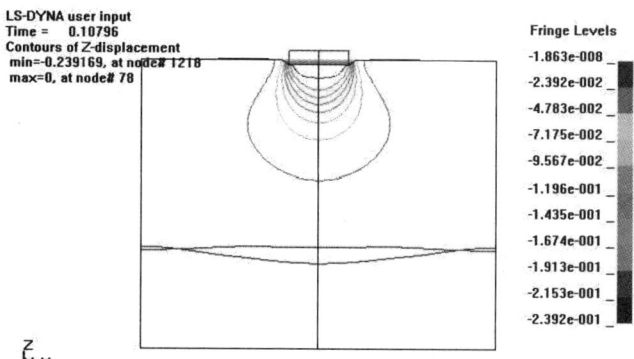

图 5.46 强夯作用下不同时刻土体的竖向位移等值线
（单位：时间为 s，沉降为 m）

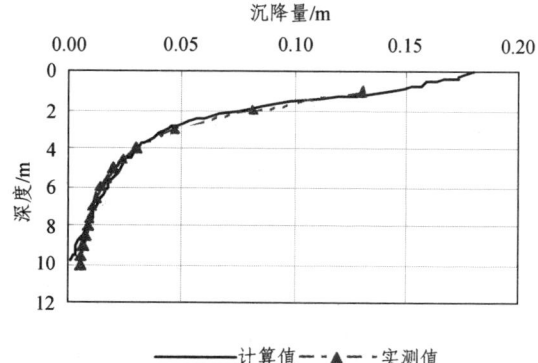

图 5.47 中心点竖向位移随深度变化曲线

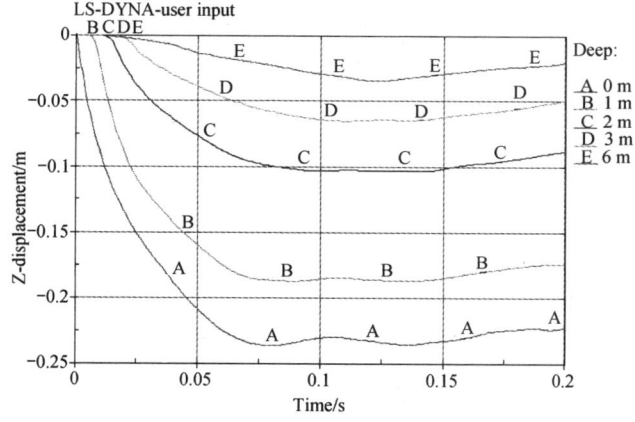

图 5.48 中心点不同深度处竖向变形时程曲线

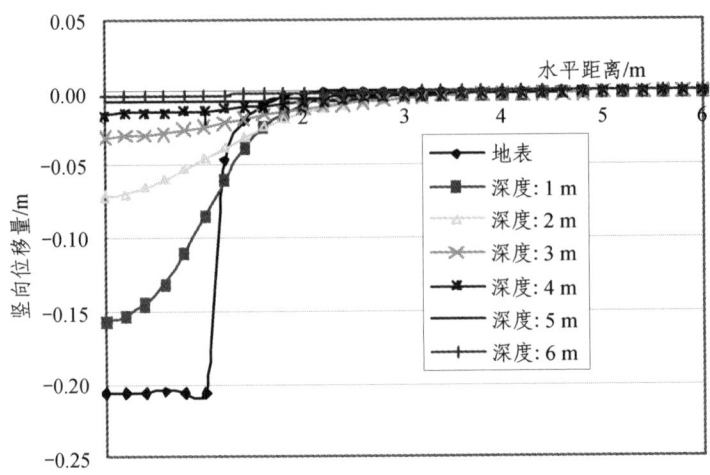

图 5.49　0.05（s）时刻土体的竖向位移随水平距离的变化曲线

4. 强夯作用下土体的侧向位移

图 5.50 显示了距锤中心不同水平距离处的侧向位移随深度变化的曲线，表明计算值与实测值变化规律相似，但两者的最大位移数值差距较大，这是因为实测值是夯击 3 锤后土体的侧向位移，而计算结果只考虑了夯击一锤的情形。

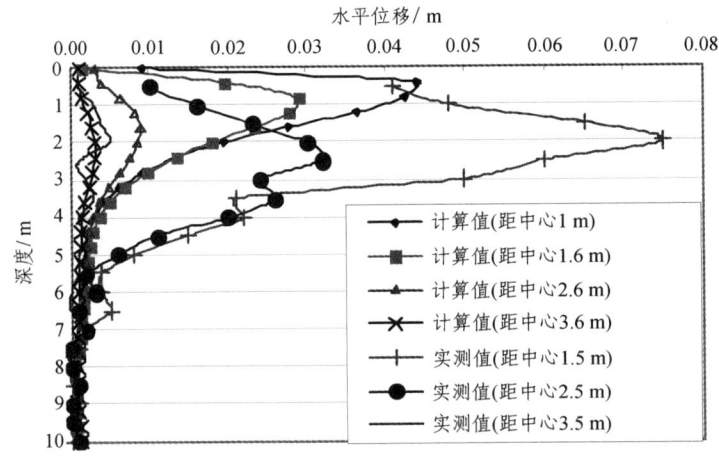

图 5.50　距锤心不同距离土体的侧向位移随深度变化曲线

计算值和实测值均显示：在离锤心 3.5 m 处，其侧向位移已很小，由此可认为夯击间距不宜大于 3.5 m。

5.8 室内试验修正系数的确定

通过现场强夯试验得出：夯击能为 960 kN·m 对应的有效强夯深度为 4~5 m，影响半径为 2.0~3.0 m，而同一夯击能下室内强夯试验得到的有效强夯深度为 3.2~3.9 m，影响半径为 1.0~1.6 m。经过分析发现按比例换算的室内夯击能比实际的偏小，导致室内试验数据比现场实际的数据低 30%~40%，因此，室内试验修正系数确定为 1.3~1.4。

5.9 本章小结

本章通过室内强夯试验、现场试验路段的强夯试验和强夯机理数值分析三者的相互对比及验证，得出如下结论：

（1）室内强夯试验可为现场施工参数的确定提供设计依据，试验修正系数为 1.3~1.4。

（2）室内强夯试验存在尺寸效应，为此，要求夯击筒直径宜大于夯锤直径的 2 倍，夯击筒高度不宜小于 30 cm。

（3）强夯有效影响深度为 4~6 m，建议现场每一层的夯实厚度控制在 4 m 以内。

（4）强夯有效影响半径为 2.5~3.5 m，建议现场夯点的距离控制在 3 m 以内，以减小"盲夯区"和碾压工作。

（5）夯沉量的大小与夯击能有关，可以用方程 $s = a + b \cdot \sqrt{W}$ 的形式表示。

（6）夯沉量 S 与夯击次数 N 的关系可以用方程 $S = \dfrac{N}{a+bN}$ 或 $S = a \cdot N^b$ 来拟合，其中，a、b 为待定系数。研究表明，红砂岩碎石土路基适合采用第一类方程，在考虑夯击能量 W 的影响因素下，累计夯沉量 S 与夯击次数 N 的拟和关系式为 $\dfrac{S}{\sqrt{W}} = \dfrac{N}{217.9 + 37.2N}$。

（7）土体竖向位移量随深度递减，递减规律可以用方程 $S_z = \left\{ 1 - \dfrac{1}{b[1+(r/z)^2]^a} \right\} \cdot S_0$ 的形式表示，对于红砂岩碎石土路基，采用曲线拟合

的办法求得 $a = 4.0$，$b = 1.0$，即 $S_z = \left\{1 - \dfrac{1}{[1+(r/z)^2]^4}\right\} \cdot S_0$。

（8）强夯较大地提高了路基土的压缩模量，土体的压缩性明显得到了改善，路基的工后沉降明显减少。

（9）将汽车碰撞动力效应模拟分析应用到路基工程中，运用ANSYS/LS-DYNA进行碰撞接触计算，研究表明，数值分析和现场试验所揭示的土体应力应变规律相同，数值相近，充分说明了数值计算结果的准确性及现场试验的有效性和真实性。

6

高路堤沉降预测模型对比分析

6 高路堤沉降预测模型对比分析

6.1 研究目的

本章主要介绍 5 种高填路堤沉降预测模型,通过两个实例对各个模型的拟合和预测精度进行对比分析,揭示各种预测模型的优缺点和适应条件,为沉降观测的推广提供依据。

6.2 研究内容

本章预测模型主要包括:皮尔-遗传神经网络预测法、双曲线法、指数曲线法、灰色预测法、龚帕斯曲线法。

将上述 5 种预测模型置于同一工程中进行研究,使其预测精度和适用更富有对比性。

6.3 皮尔-遗传神经网络预测法

6.3.1 皮尔曲线基本原理

皮尔曲线[146-149]预估模型的数学表达式为

$$y(t) = \frac{L}{1+a\mathrm{e}^{-bt}} \tag{6.1}$$

式中 L,a,b——模型的三个待定参数,其中 $a>0$,$b>0$。

当 $t \to -\infty$ 时,$y \to 0$;$t \to +\infty$ 时,$y \to L$,L 是曲线的增长上限。

本书利用 Lagrange 插值法来进行非等时距沉降时间序列的等时距变换,然后再进行模型的求解。

式(6.2)给出了等时距皮尔预测模型的表达式,即

$$y(t) = \frac{L}{1+a\mathrm{e}^{-bt}} \tag{6.2}$$

式中 $y(t)$——t 时刻的沉降预测值,单位为长度单位;

t——时间。

等时距皮尔预测模型参数的求解常用 3 段计算法。设 S_1，S_2，S_3 分别为这 3 个段内各项数值的倒数之和，即有

$$S_1 = \sum_{t=1}^{r} \frac{1}{y(t)}, \quad S_2 = \sum_{t=r+1}^{2r} \frac{1}{y(t)}, \quad S_3 = \sum_{t=2r+1}^{3r} \frac{1}{y(t)} \tag{6.3}$$

将皮尔预估模型改写为倒数形式，即

$$\frac{1}{y(t)} = \frac{1}{L} + \frac{a\mathrm{e}^{-bt}}{L} \tag{6.4}$$

则有

$$\left. \begin{aligned} S_1 &= \sum_{t=1}^{r} \frac{1}{y(t)} = \frac{r}{L} + \frac{a}{L} \sum_{t=1}^{r} \mathrm{e}^{-bt} = \frac{r}{L} + \frac{a\mathrm{e}^{-b}(1-\mathrm{e}^{-rb})}{L(1-\mathrm{e}^{-b})} \\ S_2 &= \sum_{t=r+1}^{2r} \frac{1}{y(t)} = \frac{r}{L} + \frac{a\mathrm{e}^{-(r+1)b}(1-\mathrm{e}^{-rb})}{L(1-\mathrm{e}^{-b})} \\ S_3 &= \sum_{t=2r+1}^{3r} \frac{1}{y(t)} = \frac{r}{L} + \frac{a\mathrm{e}^{-(2r+1)b}(1-\mathrm{e}^{-rb})}{L(1-\mathrm{e}^{-b})} \end{aligned} \right\} \tag{6.5}$$

于是各参数的计算公式为

$$\hat{b} = \frac{\ln \frac{(S_1 - S_2)}{(S_2 - S_3)}}{r} \tag{6.6}$$

$$\hat{L} = \frac{r}{S_1 - \frac{(S_1 - S_2)^2}{(S_1 - S_2) - (S_2 - S_3)}} \tag{6.7}$$

$$\hat{a} = \frac{(S_1 - S_2)^2 (1 - \mathrm{e}^{-\hat{b}}) \hat{L}}{[(S_1 - S_2) - (S_2 - S_3)] \mathrm{e}^{-\hat{b}} (1 - \mathrm{e}^{-r\hat{b}})} \tag{6.8}$$

6.3.2 遗传神经网络预测

遗传算法是由可行解组成的群体逐代进化的过程，其一般流程如图 6.1 所示。

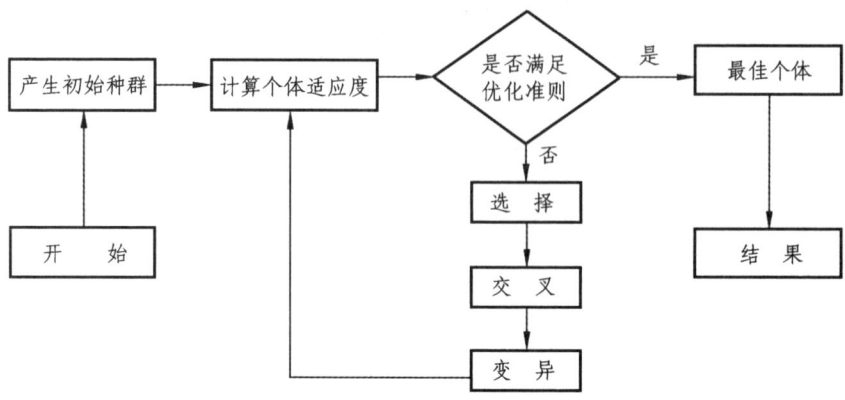

图 6.1 遗传算法流程

6.4 双曲线法

双曲线法[150-152]认为沉降量与时间按双曲线规律变化，基本方程式为

$$S_t = S_0 + \frac{t-t_0}{\alpha + \beta(t-t_0)} \tag{6.9}$$

式中 S_0——时间 t_0 时刻的沉降量；

S_t——时间 t 时的沉降量；

α, β——待定参数。

将式（6.9）改写为

$$\frac{t-t_0}{S_t - S_0} = \alpha + \beta(t-t_0) \tag{6.10}$$

由式（6.10）可以看出，α 和 β 分别为 $[(t-t_0)/(S_t - S_0)]$-$(t-t_0)$ 关系图中的截距和斜率，可以用图解法求出。

将求到的 α、β 和 S_0、t_0 代入式（6.9），此时若已知任意时刻 t 则可以预估沉降量 S_t，最终沉降量 S_∞ 用下式求：

$$S_\infty = S_0 + 1/\beta \tag{6.11}$$

6.5 指数曲线法

根据固结理论，固结度理论解可以用普遍表达式表示为

$$\bar{U} = 1 - a\mathrm{e}^{-bt} \tag{6.12}$$

在不考虑次固结沉降的情况下，时间 t 时的沉降为

$$S_t = S_\mathrm{d} + \bar{U}S_\mathrm{c} = S_\infty - a\mathrm{e}^{-bt}S_\mathrm{c} \tag{6.13}$$

式（6.13）可记为

$$S_t = S_\infty - \alpha \mathrm{e}^{-\beta t} \tag{6.14}$$

式（6.14）即为指数曲线法的表达式。取时间 t_1，t_2 和 t_3，使 $t_2 - t_1 = t_3 - t_2 = \Delta T$，且使 ΔT 尽可能的大，记 S_1、S_2 和 S_3 为对应时间的沉降值，即

$$S_1 = S_\infty - \alpha \mathrm{e}^{-\beta(t_2 - \Delta T)} \tag{6.15}$$

$$S_2 = S_\infty - \alpha \mathrm{e}^{-\beta t_2} \tag{6.16}$$

$$S_3 = S_\infty - \alpha \mathrm{e}^{-\beta(t_2 + \Delta T)} \tag{6.17}$$

由式（6.15）~式（6.17）可以求得

$$S_\infty = \frac{S_3(S_2 - S_1) - S_2(S_3 - S_2)}{(S_2 - S_1) - (S_3 - S_2)} \tag{6.18}$$

$$\beta = \frac{1}{\Delta T} \ln \frac{S_2 - S_1}{S_3 - S_2} \tag{6.19}$$

$$\alpha = \frac{1}{3}[(S_\infty - S_1)(\mathrm{e}^{\beta t_1}) + (S_\infty - S_2)(\mathrm{e}^{\beta t_2}) + (S_\infty - S_3)(\mathrm{e}^{\beta t_3})] \tag{6.20}$$

得到上面的 S_∞ 和 α、β 后即可利用式（6.14）求出任意时刻预估沉降量 S_t。

6.6 灰色预测法

一般的灰色模型记为 GM（n，h）模型，表示 h 个变量的 n 阶微分方

程。GM（n，h）模型如下：

$$\frac{d^n X_1^{(1)}}{dt^n} + a_1 \frac{d^{n-1} X_1^{(1)}}{dt^{n-1}} + \cdots + a_n X_1^{(1)} = b_1 X_2^{(1)} + b_2 X_3^{(1)} + \cdots + b_{h-1} X_h^{(1)} \qquad (6.21)$$

记微分方程的系数向量为

$$\hat{a} = [a_1, a_2, \cdots, a_n, b_1, b_2, \cdots, b_{h-1}]^T \qquad (6.22)$$

其中 $\hat{a} = [(A \vdots B)^T (A \vdots B)]^{-1} (A \vdots B)^T y_N$

$$A = \begin{bmatrix} a^{(n-1)}(X_1^{(1)}, 2) & a^{(n-2)}(X_1^{(1)}, 2) & \cdots & a^{(1)}(X_1^{(1)}, 2) \\ \vdots & \vdots & & \vdots \\ a^{(n-1)}(X_1^{(1)}, N) & a^{(n-2)}(X_1^{(1)}, N) & \cdots & a^{(1)}(X_1^{(1)}, N) \end{bmatrix}$$

$$B = \begin{bmatrix} -\frac{1}{2}(X_1^{(1)}(2) + X_1^{(1)}(1)) & X_2^{(1)}(2) & \cdots & X_h^{(1)}(2) \\ \vdots & \vdots & & \vdots \\ -\frac{1}{2}(X_1^{(1)}(N) + X_1^{(1)}(N-1)) & X_2^{(1)}(N) & \cdots & X_h^{(1)}(N) \end{bmatrix}$$

$$y_N = [a^{(n)}(X_1^{(1)}, 2), a^{(n)}(X_1^{(1)}, 3), \cdots, a^{(n)}(X_1^{(1)}, N)]^T$$

在 GM（n，h）模型中，n、h 取不同的值可得到不同的模型。当 $h>1$ 时，GM 模型不能作预测用，只能用于分析因子间的相互关系。作预测用的 GM 模型一般为 GM（n，1）模型，它是一个变量的 n 阶微分方程。

6.7 龚帕斯曲线法

将要研究的预测目标用一个定量指标 y 表示[154]。$\frac{dy}{dt}$ 是 y 的微分，它表示 y 的变化速率。则 y 的增长率就等于 $\frac{dy}{dt}$ 除以 y，于是，可用微分方程（6.23）来描述 y 的"成长"过程。

$$\frac{dy}{y \cdot dt} = a - by \quad (a>0, \ b>0) \qquad (6.23)$$

式中　a、b——模型的参数。

6.7 龚帕斯曲线法

用分离变量法对微分方程（6.23）求解，有

$$\frac{\mathrm{d}y}{ay-by^2}=\mathrm{d}t \tag{6.24}$$

对式（6.24）进行有理式分解，两边积分得

$$\ln y - \ln\left(1-\frac{b}{a}y\right) = at + c$$

或

$$\frac{y}{\left(1-\frac{b}{a}y\right)} = c\mathrm{e}^{at} \tag{6.25}$$

其中，c 是待定系数，令 $t=0$，$y=y_0$，代入式（6.25）可以解得

$$c = \frac{y_0}{\left(1-\frac{b}{a}y_0\right)}$$

将 c 代入式（6.25），最后整理得

$$y = \frac{K}{1+\dfrac{K-y_0}{y_0}\mathrm{e}^{-at}} \tag{6.26}$$

式（6.26）就是逻辑斯蒂（logistic）成长曲线方程，也称泊松曲线或皮尔曲线方程。

如果 y 的增长率不与 $a-by$ 成比例，而与 $\ln a - b\ln y$ 成比例，即

$$\frac{\mathrm{d}y}{y\mathrm{d}t} = \frac{\mathrm{d}\ln y}{\mathrm{d}t} = \ln a - b\ln y \tag{6.27}$$

则求解式（6.27）可以得到

$$y = \mathrm{e}^{(K+ab^t)} \quad \text{或} \quad \ln y = K + ab^t \quad (K \text{为常数}) \tag{6.28}$$

式（6.28）称为龚帕斯曲线方程。

6.8 基于施工现场实测资料对比各种预测模型

为了对前述各模型的建模精度进行比较,本书从江西武吉高速公路和常张高速公路路基施工现场各选取一个观测点,通过 Matlab 软件编程进行数值分析,研究不同预测方法在中期和后期的预测精度[155-157]。

6.8.1 江西武吉高速公路板坑水库(K125+110)观测点

武吉高速公路板坑水库 K125+110 观测点为在深水中使用开山石料进行抛石挤淤换填法处理特殊地基,地基土质为碎石土,高路堤设计填方高度为 30 m,观测时间间隔及沉降数据如表 6.1 所示。

1. 中期预测

以 100 天以前的数据作为样本值进行各模型建模,对后面 100~120 d 共 30 d 的数据进行预测,同样为了提高各模型的预测精度而适当剔除部分前期误差较大的数据。各模型的预测结果与实测样本值列于表 6.2,拟合及预测曲线见图 6.2。

表 6.1 武吉高速公路 K125+110 观测时间及沉降量

天数/d	0	2	4	5	6	7	8	9	10	11	12
沉降量/mm	0	27	43	48	55	58	65	71	73	73	75
天数/d	15	20	25	30	35	40	45	50	55	60	65
沉降量/mm	77	105	132	152	168	183	195	205	213	220	227
天数/d	70	80	90	100	110	120	130	140	150	160	170
沉降量/mm	232	234	238	242	247	253	257	258	263	265	266
天数/d	180	190	200	230	260	290	650	830	1010	—	—
沉降量/mm	268	273	280	285	287	291	305	308	310	—	—

表 6.2 K125＋110 实测值及各模型中期预测值比较

天数	70	80	90	100	110	120
实测值/mm	233	235	239	243	248	254
双曲线法误差	0.35%	0.47%	0.61%	0.77%	0.79%	0.83%
指数曲线法误差	0.22%	0.25%	0.31%	0.38%	0.43%	0.57%
皮尔曲线法误差	0.64%	0.77%	0.89%	1.22%	1.56%	1.86%
灰色预测法误差	1.76%	1.87%	2.43%	2.60%	3.06%	3.31%
皮尔神经网络误差	0.65%	0.73%	0.87%	1.24%	1.55%	1.83%
龚帕斯曲线法误差	1.13%	1.35%	1.76%	2.01%	2.47%	2.79%

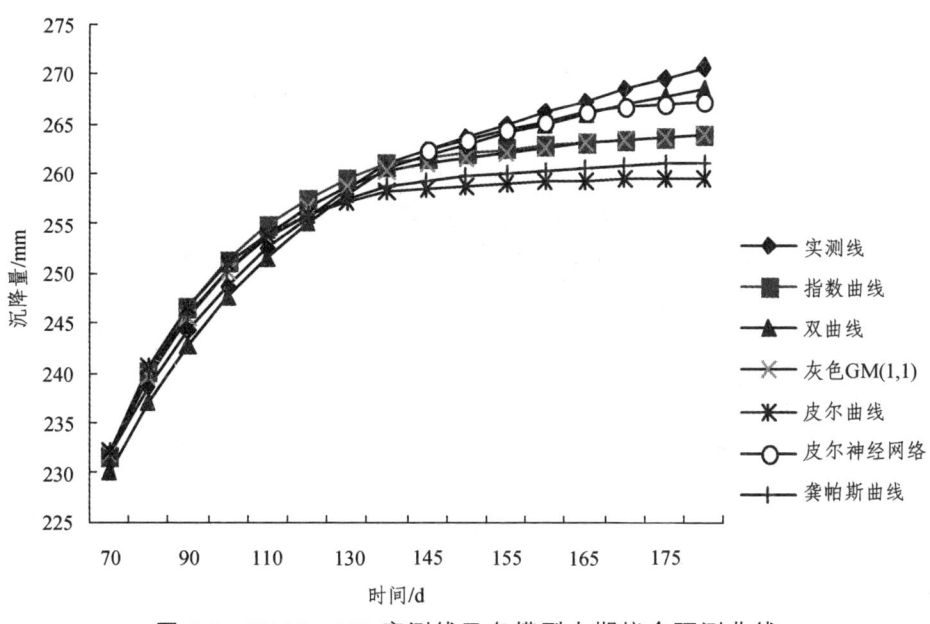

图 6.2 K125＋110 实测线及各模型中期拟合预测曲线

2. 后期预测

以 190 天以前的数据作为各模型的样本值，对 560～1 010 d 共 450 d 的数据进行预测。各模型的预测结果与实测样本值列于表 6.3，拟合及预测曲线见图 6.3。

表 6.3　K125+110 实测值及各模型后期预测值比较

天数/d	560	650	740	830	920	1 010
实测值/mm	306	306	307	309	311	311
双曲线法误差	0.42%	0.50%	0.58%	0.67%	0.76%	0.85%
指数曲线法误差	0.26%	0.37%	0.46%	0.59%	0.66%	0.78%
皮尔曲线法误差	0.28%	0.41%	0.53%	0.69%	0.77%	0.89%
灰色预测法误差	0.31%	0.56%	0.64%	0.79%	0.83%	0.97%
皮尔神经网络误差	0.05%	0.11%	0.23%	0.40%	0.49%	0.53%
龚帕斯曲线法误差	0.39%	0.46%	0.55%	0.61%	0.74%	0.83%

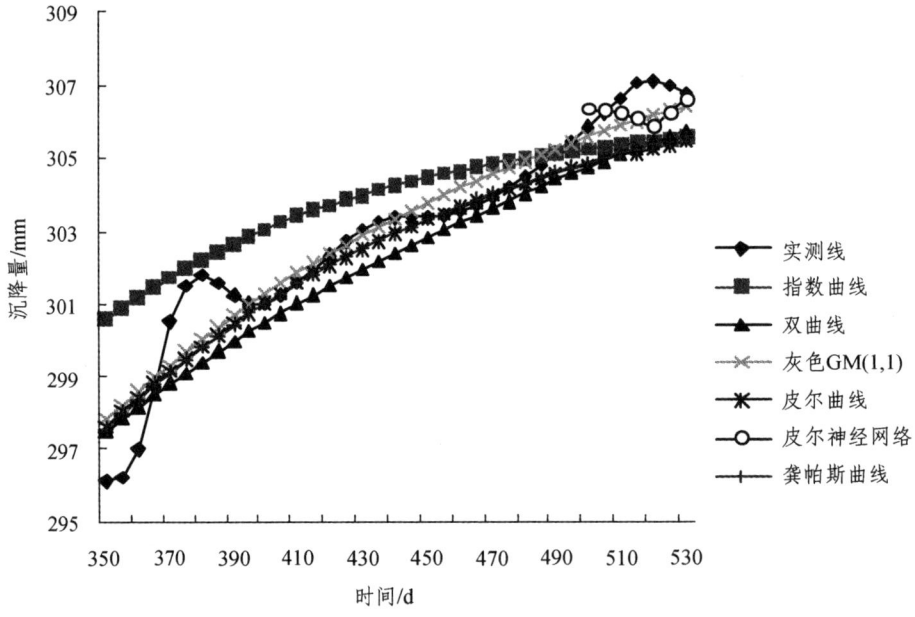

图 6.3　K125+110 实测线及各模型后期拟合预测曲线

6.8.2　常张高速公路 K159+585 观测点

以常张高速公路 K159+585 为一典型观测断面，高路堤填土为红砂岩，设计填方高度为 15.1 m。观测时间间隔及沉降数据如表 6.4 所示。

6.8 基于施工现场实测资料对比各种预测模型

1. 中期预测

以 185 天以前的数据作为各模型的样本值,对 197～227 d 共 30 d 的数据进行预测。各模型的预测结果与实测样本值列于表 6.5,拟合及预测曲线见图 6.4。

表 6.4 常张高速公路 K159+585 观测时间及沉降量

天数/d	0	4	6	11	12	15	17	22	23	24	27
沉降量/mm	0	13.75	17.2	21.80	23.36	26.73	33.99	39.7	43.63	50.9	59.73
天数/d	34	41	45	49	51	52	54	55	57	60	65
沉降量/mm	65.10	67.29	74.01	84.04	93.32	97.67	107.54	118.04	131.58	147.68	162.59
天数/d	72	97	104	111	118	125	131	138	146	152	160
沉降量/mm	190.13	230.88	242.26	246.02	250.52	254.90	259.66	262.22	263.76	266.60	265.64
天数/d	161	175	185	197	202	218	234	249	264	281	292
沉降量/mm	265.89	268.83	270.22	273.33	274.62	276.18	277.95	281.42	282.46	283.02	283.99
天数/d	310	319	342	352	372	385	410	—	—	—	—
沉降量/mm	285.73	288.69	290.68	290.97	292.31	294.46	294.80	—	—	—	—

表 6.5 K159+585 实测值及各模型中期预测值比较

天数/d	190	195	200	205	210	215
实测值/mm	271.55	273.04	274.40	275.30	275.80	276.08
双曲线法误差	−0.81%	−0.59%	−0.40%	−0.37%	−0.47%	−0.62%
指数曲线法误差	0.10%	0.34%	0.57%	0.64%	0.59%	0.49%
皮尔曲线法误差	1.16%	1.66%	2.12%	2.42%	2.58%	2.66%
灰色预测法误差	1.02%	1.48%	1.90%	2.17%	2.30%	2.37%
皮尔神经网络误差	0.04%	0.55%	1.02%	1.32%	1.48%	1.57%
龚帕斯曲线法误差	0.83%	1.30%	1.73%	2.01%	2.14%	2.21%

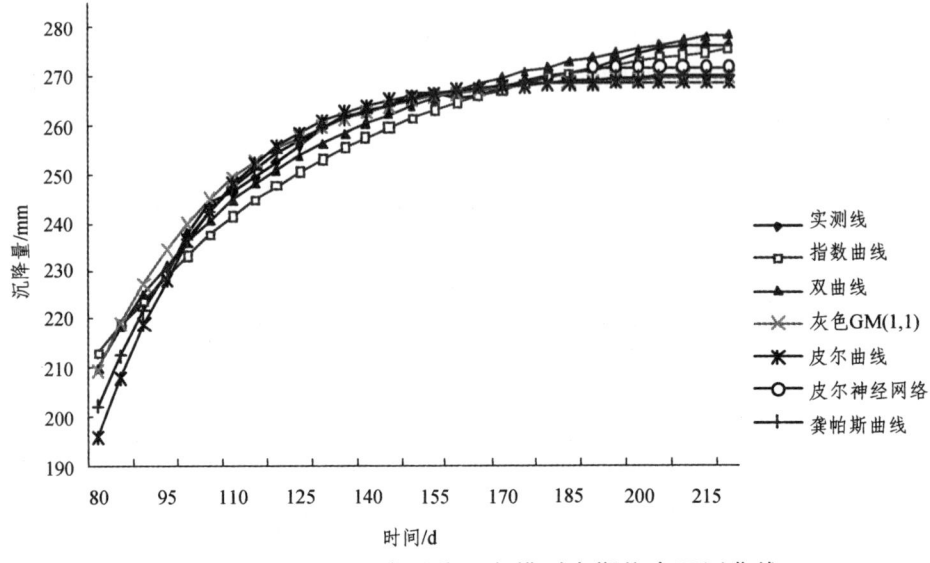

图 6.4　K159 + 585 实测线及各模型中期拟合预测曲线

2. 后期预测

以 375 天以前的数据作为各模型的样本值,对 380～410 d 共 30 d 的数据进行预测。各模型的预测结果与实测样本值列于表 6.6,拟合及预测曲线见图 6.5。

表 6.6　K159 + 585 实测值及各模型后期预测值比较

天数/d	380	385	390	395	400	405
实测值/mm	293.76	294.63	295.37	295.87	295.98	295.58
双曲线法误差	0.91%	1.13%	1.31%	1.41%	1.38%	1.18%
指数曲线法误差	0.25%	0.51%	0.72%	0.86%	0.86%	0.70%
皮尔曲线法误差	0.06%	0.22%	0.34%	0.37%	0.28%	0.02%
灰色预测法误差	0.12%	0.26%	0.37%	0.39%	0.28%	0.00%
皮尔神经网络误差	0.21%	0.18%	0.12%	0.07%	-0.04%	-0.21%
龚帕斯曲线法误差	0.04%	0.20%	0.31%	0.35%	0.26%	-0.01%

6.8 基于施工现场实测资料对比各种预测模型

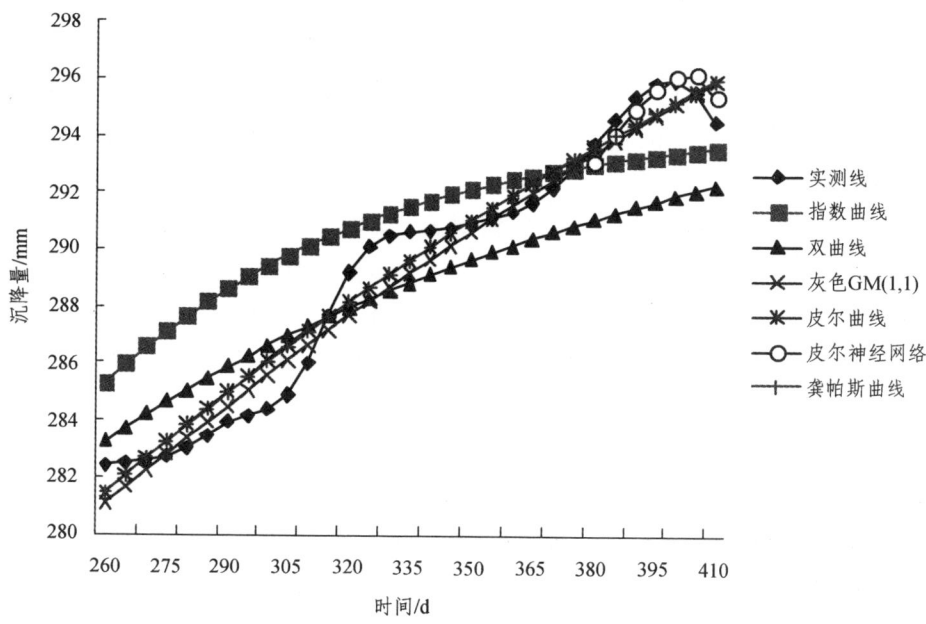

图 6.5 K159+585 实测线及各模型后期拟合预测曲线

对于中期预测，从图 6.2、图 6.4 及表 6.3、表 6.6 可以看出指数曲线和双曲线的拟合及预测效果更好，误差均不到 1%，最高仅 0.83%；其次为皮尔神经网络，误差最大为 1.83%；再次为龚帕斯、皮尔曲线和灰色预测，三者的拟合效果很好，预测误差在 0.53%~3.31%。从图 6.3、图 6.5 及表 6.4、表 6.7 同样可以看出几种预测方法的拟合效果较好，其中皮尔神经网络预测更接近于真实值，误差在 0.21%~0.53%、双曲线预测值的误差在 0.62%~1.18%。

对于后期预测，从图 6.3、图 6.5 及表 6.4、表 6.7 同样可以看出实测线有一定波动，但是各种模型的拟合和预测精度仍然较高。其中皮尔神经网络的预测结果更接近于真实值，其次皮尔、龚帕斯曲线和灰色预测结果明显比中期有所提高，拟合效果较好，但较长期的预测精度有所降低，同样皮尔和龚帕斯曲线拟合预测结果仍然比较接近；双曲线和指数曲线的拟合预测结果明显比中期的差。

6.9 本章小结

本章主要介绍 5 种基于实测沉降数据的高路堤沉降预测模型，通过两个实例对各个模型的拟合和预测精度进行比较和分析，可以得出以下一些主要结论：

（1）通过 5 种预测模型的比较得出，双曲线和指数曲线更适合于 6 个月左右的中期预测，两者中双曲线精度更高一些；皮尔曲线、灰色预测、龚帕斯曲线和皮尔神经网络方法更适合于一年以后的长期预测，四种预测方法中皮尔神经网络精度更高一些，灰色 GM（1，1）模型的曲线拟合效果最好。

（2）皮尔神经网络预测方法作为一种基于趋势项的误差外推方法在后期预测中显示出较明显的优越性，值得推广应用。

（3）预测的时间段内，越靠后预测的结果越远离真实值，可以通过将新观测的沉降值充实到样本值中而适当缩短预测的时间段。

参考文献

[1] 《土工合成材料工程应用手册》编写委员会. 土工合成材料工程应用手册. 北京：中国建筑工业出版社. 1994.

[2] 邓卫东. 土工合成材料及其在公路工程中的应用. 公路. 2000（8）：7-11.

[3] 哈里斯. 工程复合材料. 陈祥宝，张宝艳译. 北京：化学工业出版社. 2004.6.

[4] 王钊. 土工合成材料的蠕变试验. 岩土工程学报. 1994，16（6）：96-102.

[5] 栾茂田，肖成志，杨庆，等. 土工合成材料蠕变特性的试验研究及粘弹性本构模型. 岩土力学，2005，26（2）：187-192.

[6] LIU Huabei，WANG Xiangyu，SONG Erxiang. Effects of relative creep of geosyn-thetic-reinforcements on the responses of geosynthetic MSE walls. 2009 international foundation congress and equipment expo：345-452.

[7] JONATHAN，WU T H，MICHAEL T，et al. Myth and Fact on Long-Term Creep of GRS Structures. New Peaks in Geotechnics Proceedings of Sessions of Geo-Denver，2007：11-20.

[8] KOERNER R M，KOERNER G R. On the Creep Reduction Factors for Geotextile Puncture Protection of Geomembranes. Proceedings of the Sessions of the Geo-Frontiers 2005 Congress. 4259-4264.

[9] Y. G. Hsuan, S. Yeo and R. M. Koerner. Compression Creep Behavior of Geofoam Using the Stepped Isothermal Method. Proceedings of the Sessions of the Geo-Frontiers 2005 Congress：3987-3991.

[10] Huabei Liu, M. Asce and Myoung-Soo Won. Long-Term Reinforcement Load of Geosynthetic-Reinforced Soil Retaining Walls. J. Geotech. and Geoenvir. Engrg. 2009, 135 (7): 875-889.

[11] Allen T. M. and Bathurst R. J. Observed long-term performance of geosynthetic walls and implications for design. Geosynthet. Int., 2002, 9 (5): 567-606.

[12] Jonathan H. T Wu and Helwany S. M. B.. A performance test for assessment of long-term creep behavior of soil-geosynthetic composites. Geosynthet. Int., 1996, 3 (1): 107-124.

[13] Greenwood J. H.. The creep of geotextiles. Proc., 4th Int. Conf. on Geotextiles, Geomembranes, and Related Products, Balkema, Rotterdam, The Netherlands, 1990, 2: 645-650.

[14] Helwany S. M. B. and Jonathan T. H. Wu.. A generalized creep model for geo-synthetics. Earth reinforcement practice, Balkema, Rotterdam, The Netherlands, 1992: 79-84.

[15] Leshchinsky D., Dechasakulsom M., Kaliakin V. N. and Ling H. I.. Creep and stress relaxation of geogrids. Geosynthet. Int., 1997.4 (5): 463-479.

[16] Akinay Ali E., Brostow Witold. Long-term service performance of polymeric materials from short-term tests: prediction of the stress shift factor from a minimum of data. Polymer. 2001.42: 4527-4532.

[17] Koo Hyun-Jin, Kim You-Kyum. Lifetime prediction of geogrids for reinforcement of embankments and slopes. Polymer Testing. 2005.24: 181-188.

[18] Lai J, Bakker A. Analysis of the non-linear creep of high density polyethylene. Polymer. 1995.36 (1): 93-99.

[19] Luo W, Yang T and An Q. Time-temperature-stress equivalence and its application to nonlinear viscoelastic materials. Acta Mechanica Solida Sinica. 2001.14（3）：195-199.

[20] 杨果林. 加筋土筋材长期荷载蠕变试验研究. 煤炭学报. 2001.26（2）：132-136.

[21] P. J. Black and R. D. Holtz. Performance of geotextile separators five years after installation. Journal of Geotechnical and Geoenvironmental Engineering. 1999（5）：404-412.

[22] Robert J. Petrov and R. Keery Rowe. Geosynthetic clay liner（GCL）-chemical compatibility by hydraulic conductivity testing and factors impacting its performance. Can. Geotech. J. 1997.34：863-885.

[23] Allen, S. R. . The use of an accelerated test procedure to determine the creep reduction factors of a geosynthetic drain. Austin, United States：Geotechnical Special Publication, 2005.

[24] Te-Yang Soong, Robert M Koemer. Modeling and extrapolation of creep behavior of geosynthetics. Sixth International Conference on Geosynthetics, 1998：707-710.

[25] 李丽华, 王钊, 陈轮. 加速土工合成材料蠕变试验的荷载叠加法. 岩土工程学报. 2007（3）：13-16.

[26] 严秋荣, 邓卫东, 邓昌中. 高强土工合成材料蠕变强度的试验研究. 重庆交通大学学报（自然科学版）, 2008（4）：107-110.

[27] ROWE R K, SODERMAN K L. 运用高强度土工合成材料加固极软土——有限元分析的作用. 长江科学院国家自然科学基金项目研究组, 译. 土工织物与土工膜译文集. 1989.

[28] 徐少曼, 林瑞良. 提高土工筋材加筋效果的新途径. 岩土工程学报, 1997, 19（2）：49-55.

[29] 徐少曼，林瑞良. 预应变土工织物加筋堤坝软基的模型试验与分析. 见：全国第四届土工合成材料学术会议论文集. 上海：1996：134-138.

[30] 王钊. 土工织物的拉伸蠕变特性和预拉力加筋堤. 岩土工程学报，1992，14（2）：12-20.

[31] 徐少曼，林瑞良，康进王. 提高路堤下软基土工织物加筋效果的综合措施. 中国公路学报，2003（2）：67-69.

[32] 李帆. 预应变土工织物加筋道路软基的试验研究. 交通科技，2001（6）：16-18.

[33] 杜运兴. 预应力 CFRP 加筋土技术的应用与研究. 长沙：湖南大学，2003：32-35.

[34] 周志刚，张起森，郑健龙. 土工加筋技术在公路铁路工程中应用研究新进展. 长沙交通学院学报，2002，18（1）：34-39.

[35] 陈惠民. 应用土工合成材料处理软土基效果分析. 华东公路，1996（1）：73-75.

[36] 赵维炳，雷国辉，陈永辉，等. 土工筋材加筋与塑料板排水联合加固软基的计算方法研究. 岩土工程学报，1998，20（3）：61-65.

[37] 苗英豪，王秉纲. 土工合成材料加筋路堤机理研究进展. 中外公路，2007，27（3）：45-49.

[38] 杨锡武，欧阳仲春. 山区高等级公路加筋高路堤陡边坡研究. 公路交通科技，2001，18（1）：17-20.

[39] 周志刚，郑健龙，李强. 土工加筋材料处治填挖交界路基非均匀沉降设计方法研究. 中国公路学报，2003，16（1）：27-31.

[40] 李丽华，王钊，陈轮. 考虑筋材蠕变特性的加筋土流变模型. 岩土力学，2007（8）：34-37.

[41] Craig. W. H. and Edouard Phillips. Idea of centrifuge modeling. Geotechnique, 1989, (39): 679-700.

[42] Bucky P. B.. The use of models for the study of mining problems. Am. Inst. Met. Eng. Tech. Pub. 1931: 28-30.

[43] Fuglsang L. D., Oveson N. K.. The Application of The Theory of Modeling to Centrifuge Studies. Centrifuge in Soil Mechanics, 1988.

[44] 包承纲, 饶锡保. 土工离心模型的试验原理. 长江科学院院报, 1998, 15（2）: 1-3.

[45] 朱维新. 土工离心模型试验研究概况. 岩土工程学报. 1986, 8（2）: 82-94.

[46] 濮家骝. 土工离心模型试验及其应用的发展趋势. 岩土工程学报, 1996, 18（5）: 92-94.

[47] 刑建营, 刑义川, 梁建辉. 土工离心模型试验研究的进展与思考. 水利与建筑工程学报, 2005, 3（1）: 27-31.

[48] Kutter B. L.. Centrifuge modeling of the response of clay embankments to earth-quakes. Londun: Cambridge University, 1983.

[49] Y. Xu., S. Zhu., L. Zhang. and L. Ru.. LXJ-4-450 geotechnical centrifuge in Beijing, Centrifuge 94, Singapore, Leung, Lee and Tan（eds）: 35-39.

[50] Y. Dou, P. Jing.. Development of NHRI-400g-t geotechnical centrifuge, Centrifuge 94, Singapore, Leung, Lee &Tan（eds）: 69-74.

[51] Miyake M., Yanagihata T. Heap shape of Materials Dumped from Hopper barges by drum Centrifuge, ISOPE 1999, Breast: 745-748.

[52] De Souza E. A centrifuge for solving mining problems. ICPMG'02, Pillips, R., Guo, P&Popescu, R. （eds）: 49-54.

[53] Smith, R. W. Payne, S. J. Miller, D. L. Environmental geocentrifuge facility developments. ICPMG'02. Pillips, R., Guo, P&Popescu, R. （eds）: 55-58.

[54] Matsuda T., Higuchi S. Development of the large geotechnical centrifuge and shaking table of obayashi, ICPMG'02, Pillips, R., Guo, P&Popescu, R. （eds）: 63-68.

[55] 汪小刚，张建红等. 用离心模型研究岩石边坡的倾倒破坏. 岩土工程学报，1996，18（5）：14-21.

[56] 刘守华，蔡正银，徐光明，等. 用离心模型研究港区软基变形特性. 工业建筑，2004，34（12）：54-58.

[57] 谢永利，潘秋元，曾国熙. 应用离心模型试验研究软基变形性状. 岩土工程学报，1995，17（4）：45-50.

[58] 刘维宁，张师德，吴邦颖. 昔格达组场地上高大结构型挡土墙的离心加载试验研究. 岩石力学与工程学报，1995，14（4）：362-370.

[59] 岳祖润，彭宗，张师巷. 压实粘性填土挡墙土压力离心模型试验. 岩土工程学报，1992，14（6）：90-96.

[60] 张剑锋. 岩土工程勘测设计手册. 北京：水力电力出版社，1992.

[61] 赵恒惠. 挡土墙后粘性填土的土压力计算. 岩土工程学报，1983，5（1）：134-146.

[62] 杜延龄. 土石坝离心模型试验研究. 水利水电技术，1997，28（6）：54-58.

[63] 陈湘生，濮家骝，罗小刚，等. 土壤冻胀离心模拟试验. 煤炭学报，1999，42（6）：615-619.

[64] Pu Jialiu, Liu F. D., Li J. K.. Development of medium-size geotechnical centrifuge at Tsinghua University. Leung C F, Lee F H, Tan T S, eds. Centrifuge 94 Proceedings of the Int Conf Centrifuge 94. Rotterdam：Balkeam A，1994，53-56.

[65] 章为民，日下部治. 砂性地层地震反应离心模型试验研究. 岩土工程学报，2001，23（1）：28-31.

[66] 丁金华，包承纲. 软基和吹填土上加筋堤的离心模型试验及有限元分析. 土木工程学报，1999，32（1）：21-25.

[67] 蔡正银，章为民，赖忠中. 京九铁路加筋土挡墙离心模型试验. 水利水运科学研究，1996，2：160-166.

[68] 胡红蕊，陈胜立，沈珠江. 防波堤土工织物加筋地基离心模型试验及数值模拟. 岩土力学，2003，24（3）：389-394.

[69] 胡黎明. LNPALs 在非饱和土中迁移的离心试验模拟. 岩土工程学报，2002，24（6）：690-694.

[70] 蔡正银. 遮帘式板桩码头土压力离心模型试验研究. 港工技术，2005，12（增刊）：51-55.

[71] 何兆益，周虎鑫，张弛. 山区机场高填方土石混填强夯参数的现场试验研究. 公路交通科技，2002（04）：30-32.

[72] Xin Lu, George Filz, Jie Han. Dynamic Compaction of Fill in a Mountainous Area. Proceedings of the 2009 US-China Workshop on Ground Improvement Technologies：281-289.

[73] Sarfraz Ali and Liaqat Ali. Remediation of Liquefaction Potential Using Deep Dynamic Compaction Technique. Proceedings of Selected Papers from the 2009 GeoHunan International Conference：42-47.

[74] Xin-zhuang Cui. In-Situ Dynamic Compaction Tests on Subgrade for Reconstruction of Old Road to Expressway. Proceedings of Selected Papers from the 2009 GeoHunan International Conference：118-123.

[75] Yong Tan. Application of Deep Dynamic Compaction to U. S. Route 44 Relocation Project. Proceedings of the Geotechnical Earthquake Engineering and Soil Dynamics IV Congress 2008：1-10.

[76] Wei-Lie Zou, Zhao Wang, Zheng-Fa Yao. Effect of Dynamic Compaction on Placement of High-Road Embankment. Journal of Performance of Constructed Facilities. 2005，19（4）：316-323.

[77] Y. K. Chow, D. M. Yong, K. Y. Yong and S. L. Lee. Dynamic compaction analy-sis. Journal of Geotechnical Engineering, 1992, 118 (8): 1141-1157.

[78] 费香泽, 王钊, 周正兵. 强夯加固深度的试验研究. 四川大学学报（工程科学版）, 2002, 34 (4): 56-59.

[79] CHAIM J P, JORGE A. Design of dynamic compaction. Canadian Geotech-nique, 1992, 29: 796-802.

[80] CHOW Y K, YONG D M, YONG K Y,et al. Dynamic compaction of loose granular soils. Journal of Geotechnical Engineering, 1994, 120 (7): 1115-1133.

[81] FITZHARDINGE C F R. Dynamic compaction and slurry trench cut-off at Thap Salao Dam, 10th Southeast Asian Geotech. Conf., Thailand. Proc. 1990, 4: 53-58.

[82] LUKAS R G. Discussion of optimum moisture content for dynamic compaction of collapsible soils. Journal of Geotechnical Engineering, 1999, 125 (12): 1100-1109.

[83] 费香泽. 黄土强夯的模型试验研究. 武汉：武汉大学, 2002.5.

[84] 韩文喜, 张倬元, 李强. 利用强夯模拟试验研究饱和砂土强夯动本构关系. 工程地质学报, 2001, 04: 362-367.

[85] 费香泽, 王钊, 周正兵. 黄土强夯的模型试验研究. 岩土力学, 2002, 04: 437-441.

[86] 于克萍, 程侠, 折学森. 强夯处理黄土路堤的模型试验. 长安大学学报（自然科学版）, 2003, 23: 22-24.

[87] 李志. 无粘性土强夯夯点间加固效果的估算. 华东地质学院学报, 2002, 25: 117-123.

[88] 金岗. 山区高速公路填石路堤的强夯处理. 公路交通科技（应用技术版）, 2009 (11): 86–88.

[89] 刘汉龙，高有斌，曹建建，等. 强夯作用下接触应力与土体竖向位移计算. 岩土工程学报，2009，10：1493-1497.

[90] 牛志荣，路国运. 土体受冲击时 Rayleigh 波作用机制探讨. 岩土力学，2009，6：1583-1589.

[91] 颜斌，徐张建. 低能级强夯前后路基黄土湿陷性研究. 长安大学学报（自然科学版），2009，4：25-29.

[92] 贾敏才，王磊，周健. 砂性土宏细观强夯加固机制的试验研究. 岩石力学与工程学报，2009（s1）：3282-3290.

[93] 董伟，闫澍旺，冯守中，等. 采用强夯置换墩加固湿地中高速公路路基的研究[J]. 岩石力学与工程学报，2009（s1）：2966-2971.

[94] 田水，王钊. 夯击方式对强夯加固效果的影响. 岩土力学，2008，11：3119-3213.

[95] 蒋鹏，李荣强，孔德坊. 强夯大变形碰撞数值分析. 岩土工程学报，2000，22（2）：222-226.

[96] 王启平，谢能刚，史小路. 基于强夯大变形的地基流固耦合分析. 北京科技大学学报，2004，26（4）：345-348.

[97] HU R L, YUE Z Q, WANG L C, et al. Digital Image Analysis of Dynamic Compaction Effects on Clay Fills. Journal of Geotechnical and Geoenviron-mental Engineering. 2005，131（11）：1411-1422.

[98] Colin B, Brown. Entropy and granular materials：Model. Journal of Engineering Mechanics，2000，126（6）：599-604.

[99] Hu R L. Quantitative model and engineering geologic characteristics of micros-tructures of viscous soil，Geological Publishing House，1995：68-70.

[100] Hu R L, Li X Q, Guan G L. Geomorphologic elements of microstructures of viscous soil and their quantitative information processing techniques. Chin. Jo. Earth，1996（17）：229-236.

[101] 吴铭炳,王钟琦. 强夯机理的数值分析. 工程勘察,1993,3:32-34.

[102] 梁志荣,曹名葆,叶柏荣. 强夯特性的数值分析. 地基处理,1992,12:56-57.

[103] 李本平. 有限元法分析强夯加固机理. 杭州:浙江大学,1993.12.

[104] 钱家欢,帅方生. 边界元法在地基强夯加固中的应用. 中国科学(A辑),1987,3:8-10.

[105] 钱家欢,钱学德. 动力固结的理论与实践. 岩土工程学报,1986,6:17-20.

[106] 蒋鹏. 强夯机理分析及其计算模型. 成都:成都理工学院,1999.4.

[107] 牛志荣. 土体动力压密问题及其工程应用. 太原:太原理工大学,2003.9.

[108] 郭乃正,邹金锋,杨小礼,等. 高填方路堤强夯试验与数值模拟研究. 铁道科学与工程学报,2007,3:89-92.

[109] 折学森. 软土地基沉降计算. 北京:人民交通出版社,1998.

[110] 罗鑫,王桂尧. 高路堤沉降分析的灰色预测. 长沙交通学院学报,2002,18(4).

[111] 王小平,曹立明. 遗传算法——理论、应用与软件实现. 西安:西安交通大学出版社,2002.

[112] 刘勇健. 遗传算法在软土地基沉降计算中的应用. 工业建筑,2001,35(5):35-37.

[113] 颜庆津著. 数值分析. 北京:北京航空航天大学出版社.2000.

[114] 吴景海. 关于《土工合成物加强软土地基的极限分析》一文的讨论. 岩土工程学报.1999,21(2):250-25.

[115] 喻泽红,张起森. 土工网与土相互作用机理的有限元分析. 岩土工程学报.1997,19(3):76-81.

[116] 王桂尧,张起森,高燕希. 论土工聚合物对地基应力及差异沉降的影响规律. 长沙交通学院学报.1998,14(3):47-54.

[117] 周志刚. 土工合成材料层加固软土地基的薄膜效应. 工程力学, 1998, 15（2）: 45-50.

[118] 俞仲泉, 李少青. 运用土工织物与砂垫层复合加固海堤软基的试验研究. 河海大学研究报告, 1992: 45-49.

[119] 曾锡庭. 青岛前湾港区工作船港池防波堤现场试验与分析. 天津港湾工程研究所研究报告, 1991: 78-83.

[120] 周志刚, 郑健龙, 李强. 土工加筋材料处治填挖交界路基非均匀沉降设计方法研究. 中国公路学报. 2003, 16（1）: 27-31.

[121] FHW A. Mechanically stablized earth walls and reinforced soil slopes design and construction guidelines. Washington: FHW A, 1997.

[122] C. V. S. Benjamim, B. S. Bueno, J. G. Zornberg. Field monitoring evaluation of geotextile-reinforced soil-retaining walls. Geosynthetics Internatioanal, 2007 14（2）: 100-118.

[123] K. Hatami and R. J. Bathurst. A numerical model for reinforced soil segmental walls under surcharge loading. Journal of Geotechnical and Geoenvironmental Engineering, 2006, 132（6）: 673-684.

[124] Huabei Liu and Hoe I. Ling. Unified elastoplastic-viscoplastic bounding surface model of geosynthetics and its applications to GRS-RW analysis. Journal of engineering machanics, 2007, 7（133）: 801-815.

[125] 郑颖人, 孔亮. 岩土塑性力学原理. 北京: 中国建筑工业出版社, 2010.5: 112-117.

[126] 周志刚, 郑健龙, 张起森, 等. Netlon 土工合成材料与土界面性能的研究. 长沙交通学院学报, 1998, 14（3）: 34-39.

[127] Murad Y., Khalid Farrag, Izzaldin Almoh'd and Ather Mohiuddin. Evaluation of interaction between geosynthetics and marginal cohesive soils from pullout tests, American Society of Civil Engineers, 2004: 299-309.

[128] 介玉新，李广信. 加筋土数值计算的等效附加应力法. 岩土工程学报，1999，21（5）：614-616.

[129] Sawicki A. Rheological model of geosynthetic-reinforced soil. Geotextiles and Geomembranes，1999，17（1）：33-49.

[130] 中华人民共和国行业标准. 公路土工合成材料应用技术规范：JTJ/T 019—98 北京：人民交通出版社，1998：35-39.

[131] 李雨舟. 土工合成材料蠕变特性及加筋土本构模型研究. 长沙：长沙理工大学，2009：30-61.

[132] Kim. Evaluation of Ground Densification by Dynamic Compaction Using SASE Method. Proc. of International Offshore and Polar Engineering Conference. Golden，1997，1：707-713.

[133] 水伟厚. 冲击应力与10000 kN.m高能级强夯系列试验研究[同济大学博士学位论文]. 上海：同济大学，2003.9.

[134] 水伟厚，高广运，吴延伟，等. 湿陷性黄土在强夯作用下的非弹性完全碰撞与冲击应力解析. 建筑结构学报，2003，5：92-96.

[135] WANG T H, SHUI W H, GAO Y G,et al. Non-perfect Elastic Collision&Impact Stress Analysis During Dynamic Compaction on Collapsible Loess. GEOTECHNICAL ENGINEERING IN URBAN CONSTRUCTION，2003：115-120.

[136] 曾庆军. 强夯和强夯置换加固效果及冲击荷载下饱和粘土孔压特性. 杭州：浙江大学，2000.12.

[137] 陈仁伟. 强夯大变形加固机理的数值分析. 杭州：浙江大学，2004.2.

[138] 孙进忠，谭捍华，王树理,等. 强夯振动的频域分析. 岩土工程学报，2000（22）：412-415.

[139] 罗嗣海，杨泽平，龚晓南. 强夯的地面变形规律初探. 地质科技情报，2000（19）：92-95.

[140] 高大钊，袁聚云. 土质学与土力学. 北京：人民交通出版社，2001.

[141] 王桂尧，胡振南，匡希龙. 红砂岩路基强夯处理大变形数值模拟方法与效果分析. 岩土力学，2008（29）：2451-2456.

[142] 胡振南. 碎石土路基强夯处理的数值模拟及试验研究. 长沙：长沙理工大学，2006.

[143] Livermore Software Technology Corporation. LS-DYNA Database Binary Output Files，1994.

[144] Livermore Software Technology Corporation. LS-DYNA Keyword User's Manual，2003.

[145] Livermore Software Technology Corporation. LSPOST：A New Post Processor for LS-DYNA，1999.

[146] 徐军海. 高速公路软土地基沉降反演与预测研究. 南京：河海大学，2004：6-15.

[147] 罗鑫. 高路堤沉降预测方法研究. 长沙：长沙理工大学，2003：9-18.

[148] 高玮，郑颖人. 巷道围岩松动圈预测的进化神经网络法. 岩石力学与工程学报，2002，21（5）：658-661.

[149] 张慧梅，李云鹏. 人工神经网络在软土地基路基沉降预测中的应用. 西安：长安大学学报，2002，22（4）：20-22.

[150] 钱玉林，丁毅. 路基沉降预测及其工程应用. 扬州：扬州大学学报，2001，4（2）：75-78.

[151] Liu Song yu, Jing Fei. Settlement prediction of embankments with stage construction on soft ground. Journal of Geotechnical Engineering，2003，25（2）：113-117.

[152] 翁升. 软基路堤最终沉降量的灰色预测及反演分析. 泉州：华侨大学，2001：55-80.

[153] 邹德强. 高填方路基沉降反演及预测方法研究. 长沙：长沙理工大学，2004.

[154] 宰金珉，梅国雄. 全过程的沉降量预测方法研究. 岩土力学，2000，21（4）：322-325.

[155] 徐晓宇. 高填方路基沉降变形特性及其预测方法研究. 长沙：长沙理工大学，2005.

[156] 徐晓宇，王桂尧，匡希龙. 基于皮尔-遗传神经网络的高路堤沉降预测研究. 公路交通科技，2006，1：40-44.

[157] 徐晓宇，王桂尧，匡希龙. 基于遗传算法和神经网络的高路堤沉降预测研究. 中南公路工程，2006，2：30-33.